西藏心瑜伽

西藏心瑜伽

麥可・羅區格西（Geshe Michael Roach）◎著

項慧齡 ◎譯

本書作者
麥可・羅區格西（Geshe Michael Roach）
以及鑽石山（Diamond Mountain）的教師：

金柏莉・安德森—凡荷夫（Kimberley Anderson-Veenhof）
吉絲莉・安瑟林（Giselle Ansselin）
梅西蒂・巴蕾達（Mercedes Bahleda）
約翰・布拉迪（John Brady）
黛博拉・拜伊（Deborah Bye）
南西・卡靈（Nancy Carin）
詹姆斯・康納（James Connor）
伊恩・戴維斯（Ian Davies）
安東尼・狄格（Anthony Deague）
蓋兒・達區（Gail Deutsch）
麥可・歐雷利・鄧恩（Michael O'Reilly Dunn）
拉妮・謝拉・鄧恩（Rani Sheilagh Dunn）
艾利斯塔・赫姆斯（Alistair Holmes）
康秋・基蓉（Konchok Kyizom）
沙林・李（Salim Lee）
安・林德賽（Anne Lindsey）
安德莉亞・麥克羅（Andrea McCullough）
溫斯頓・麥克羅（Winston McCullough）
克莉絲蒂・麥納利（Christie McNally）
阿尼貝瑪（Ani Pelma）
伊莉莎白・普拉塞（Elizabeth Prather）
布萊恩・史密斯（Brian Smith）
約翰・史提維爾（John Stilwell）
大衛・史堂普（David K. Stumpf）
蘇珊・史堂普（Susan Stumpf）
凱文・梭頓（Kevin Thornton）
米莉安・梭頓（Miriam Thornton）
艾莉・凡・德・帕斯（Elly van der Pas）
道格拉斯・凡荷夫（Douglas Veenhof）
蕾貝卡・維那庫（Rebecca Vinacour）

6　關於插圖

9　西藏心瑜伽之本源

14　心瑜伽如何發揮功效

21　從內部著手

27　世界的種子

35　瑜伽練習（一）玫瑰裡的鑽石

43　瑜伽練習（二）圓滿的十

51　瑜伽練習（三）帶走黑暗

59　瑜伽練習（四）和太陽一起施予

73　瑜伽練習（五）來自西方的仁慈

83　瑜伽練習（六）安忍之王

91　瑜伽練習（七）喜樂的弓箭

99　瑜伽練習（八）和天空一起靜止

107　瑜伽練習（九）未知的死亡

113　瑜伽練習（十）全天瑜伽

117　將矛轉變成為花朵

121　【附錄一】練習瑜伽的注意事項

129　【附錄二】致謝辭

135　【附錄三】關於作者

關於插圖

在本書中，你將會看到許多幅瑜伽練習，以及古代上師修持達賴喇嘛瑜伽傳承的傳統插圖。諸如本頁圖一的插圖，是極為稀有的木刻版畫，可能是在蒙古雕刻完成的，如今保存在聖彼得堡的俄羅斯科學院（Russian Academy of Sciences）東方圖書館（Oriental Library）中。而圖二的插圖則是這個傳承重要上師的木刻版畫，圖畫下方有藏文圖說，這是在西藏被劃入中國以前，於達賴喇嘛的布達拉宮雕刻完成。

圖三的插圖是一幅描繪身體內部氣脈的圖畫，是以一系列的瑜伽練習壁畫為藍本所繪製的，這些瑜伽壁畫是在第六世達賴喇嘛尊者（1683-1706）的「拉康」（藏文Lukhang，即佛堂之意）禪修房發現的。

圖一

圖二

最後，圖四的插圖是描繪瑜伽姿勢的圖畫，比較粗糙、沒有圖說，來自喜瑪拉雅的古老王國——錫金，它們是一套寫於十八世紀的瑜伽典籍的插圖。

西藏心瑜伽的照片

書中的照片是作者在美國亞利桑那州的沙漠，帶領弟子進行為期三年的深度閉關禪修時所拍攝的。

這些照片引導你在從事三十分鐘的瑜伽練習時，所要採取的重要步驟。在觀看照片的同時，請務必閱讀每個瑜伽練習的說明，以獲得更詳盡的建議與細節。

圖三

圖四

8

西藏心瑜伽

西藏心瑜伽
之本源

對他人缺乏慈悲，你就無法進入瑜伽之門。

——優遊在金剛海的章嘉（Changkya，1717-1786），
中國皇帝和第七世達賴喇嘛尊者的瑜伽老師

大約在一千多年前，古老的瑜伽藝術從發源地——印度傳入西藏，很快地在西藏境內普及盛行，而練習瑜伽的各種精妙絕倫的方法與系統，也如雨後春筍般湧現。你即將從這本書學習到的瑜伽修持，是屬於西藏達賴喇嘛的格魯派「西藏心瑜伽」。

「西藏心瑜伽」的作用

「西藏心瑜伽」對你的「心」會起兩種作用：第一，它能讓心臟與身體健康強壯；其次，它能讓你敞開心胸去愛他人。當然，心臟與身體的強壯健康，總是源自於後者。

「心瑜伽」外在實際練習的法門和內在的修持，是以兩種不同的傳承傳入西藏。實際的練習，或我們現在所謂的「瑜伽」，最先是由印度的那洛巴大師（Naropa, 1016-1110）①傳授給西藏人。這些瑜伽練習形成「六修持」這個古老傳統的一部分，西藏人暱稱它們為「身體的機械」（Machine of the body）②。

對他人敞開心胸的法門，稱為「自他交換」（tong-len），意思是「施與受」。這個修持

那洛巴大師（Master Naropa）

法門牽涉了在一天當中的呼吸，以及思慮他人的特殊方法，尤其當你從事瑜伽練習時，所必須採取的特殊方法。

「自他交換」這個修法的傳承，可追溯至兩千多前的釋迦牟尼佛。當時，這修法並未書寫記錄成文字，而是以口傳的方式延續下來，後來由印度偉大的聖哲阿底峽（Atisha, 982-1052）引進西藏。大約在傳入西藏一百年之後，這修法首度由格西切喀瓦（Geshe Chekawa）③書寫成冊，而本書則是以其著作為藍本所成書的。

融合身體的練習與呼吸的技巧

到了宗喀巴（1357-1419）時期，身體的練習已與呼吸的技巧融合在一起。宗喀巴在《三信念書》（*The Book of Three Beliefs*）④的密續中，描述了你將在本書中看到的瑜伽姿勢。順道一提的是，這三種信念分別是：對這個修持之道精妙之處的信念；對傳授這個修持之道給你的人的信念；以及對自己的信念，相信自己能圓滿修持。

宗喀巴是第一世達賴喇嘛尊者（1391-1474）的老師，從此，「西藏心瑜伽」的傳承就一路延續至這一

世達賴喇嘛。當今達賴喇嘛所流露的鼓舞人心的智慧與慈悲，名副其實地體現了「西藏心瑜伽」的目標。

許多年來，參與本書撰寫工作的人員，從許多偉大的西藏上師處領受了「西藏心瑜伽」的法教，尤其是從肯仁波切格西洛桑達欽（Khen Rinpoche Geshe Lobsang Tharchin）和瑟美傑尊格西圖登仁千（Sermey Jetsun Geshe Thupten Rinchen）之處領受這個法教。他們兩人主要是從達賴喇嘛尊者的老師崔江仁波切（Kyabje Trijiang Rinpoche）處，領受這個法教。因此，你將從本書中學習到真正的瑜伽。我們希望，這個久遠傳承的上師們的加持，將對你有所啟發。即使我們自己身為老師，但和這些上師相比較，我們只不過是乳臭未乾的小子。

本書所教導的「三十分鐘西藏心瑜伽日課」，既和時下所傳授的其他種類的瑜伽類似，但又有天壤之別。如果你曾嘗試做過瑜伽，那麼可能已相當熟悉我們所挑選出來的瑜伽練習。因此，無論你才剛開始接觸瑜伽，或正在參加八支瑜伽、艾揚格、阿南達瑪迦、吉瓦木克堤、熱瑜伽等（Ashtanga、Iyengar、Shivananda、Jivamukti、Bikram），以及其他常見的瑜伽傳統課程，本書都會讓你如魚得水。

我們自己也喜歡並親身從事這些知名的瑜伽課程，事實上，這本書是在亞利桑那州的沙漠進行為期三年的深度閉關期間撰寫完成的。在這段期間之內，我們從慈悲、全心奉獻的老師那裡，接受了五個系統的瑜伽訓練。這些老師從遠方歷經舟車勞頓前來教導我們，而且常常自掏腰包。

你會發現，在本書中的每個標準的瑜伽姿勢，都會搭配另一個你全然陌生的瑜伽姿勢；這些瑜伽姿勢來自第一世達賴喇嘛的老師的著作。這些瑜伽姿勢，也可以加深、增強與其搭配的瑜伽姿勢的效用。

這個瑜伽傳統和其他瑜伽傳統之間，最重要的差異在於你呼吸的方式，以及在做瑜伽練習時正思惟些什麼。「西藏心瑜伽」會影響你的外在和內在，為你帶來長久的力量與平靜。因此接下來，讓我們看一看「西藏心瑜伽」如何發揮功效。

【譯註】

① 那洛巴（Naropa, 1016-1110）：印度大成就者，是帝洛巴的主要弟子、馬爾巴的主要上師。

② 身體的機械（Machine of the body）：特指身體自然運作下不受心念影響的狀態。

格西切喀瓦（Geshe Chekawa）

③ 格西切喀瓦（Geshe Chekawa）：其師即為阿底峽尊者弟子之一的
仲敦巴。切喀瓦將阿底峽所傳下的教法，分成七個要點撰成《修心
七要》。其中引入「施受法」，成為一套整合的方式。

④ 在西藏檀陀羅文獻中，宗喀巴的《三信念書》佔有極重要地位，它
是宗喀巴對「六瑜伽」的深入觀察成果。

心瑜伽
如何發揮功效

去了解你內在的偉大核心，
這個核心一如星辰圍繞運轉的軸線。
——帕坦加利大師，《瑜伽經》，第三世紀
（ *The Yoga Sutra of Master Patanjali, 3rd Century* ）

大多數的人對瑜伽都很感興趣，因為我們都希望瑜伽能賦予自己更多的精力、更強健的體魄，以及更苗條柔軟的體態，當然還有心靈的寧靜、平和。

同樣地，如果在一開始，有個人能讓我們對「心瑜伽」如何發揮功效，產生一個清楚而明確的概念，那麼我們也更可能會將心思真正地放在諸如此類的日課之上。為了了解「心瑜伽」究竟能發揮多大的助益，你必須去了解我們所謂的「五層次」。

第一層次：身體外在部位

想像你的身體如同一顆洋蔥。洋蔥的表面是所有我們能看見的身體部位：手臂、腿、腹部等。當做瑜伽時，我們最常想到的是這個洋蔥的外層。我應該把腳放在哪裡？手臂該怎麼移動？我看起來是否比之前好多了？

第二層次：呼吸

在第一層底下是第二層，它是由賦予外在身體強健體能的所有事物所構成。其中一個例子，就是我們所吃的食物。然而，東方的古老典籍也指出，支撐維繫肉

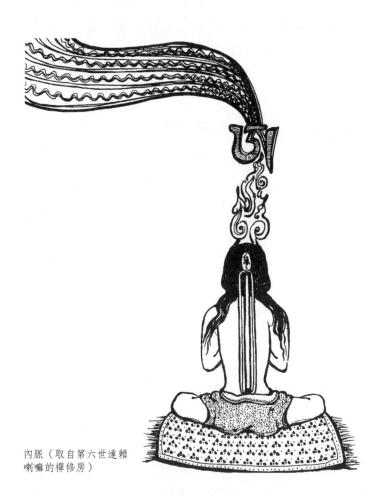

體的還有其他的事物，例如希望、睡眠，甚至是能坐下來，不受干擾地去思考一些事情的寧靜時光。

我們身體最重要的食物——身體所需的原能量（自然能量），它最重要的來源其實並非你所預期的事物，而是我們的呼吸。我們可以好幾天不食粒米，甚至不飲滴水，但每兩、三秒鐘就需要好好地吸一口氣。

身體包含數十億個細胞，每個細胞都持續不斷地透過

內脈（取自第六世達賴喇嘛的禪修房）

肺臟和血液流動的神奇網絡，以新鮮的氧氣為食。如果呼吸深長而穩定，我們自然而然地就能從呼吸中獲得滋養，容光煥發，擁有健康的氣色。因此之故，所有的瑜伽系統都強調，當練習瑜伽時，要時時留意自己的呼吸。

第三層次：內在的風息

現在，當剝下洋蔥這呼吸的第二層後，你進入第三層，這層是「內在的風息」，能讓呼吸流動。想想你曾看到的人體神經分布圖，神經像一棵樹的樹枝一般，從脊椎神經分支出來，延展至手腳的末梢。

身體的樣貌是內脈樣貌的翻版

實際上，我們的神經系統屬於第一層的外在身體的一部分。現在想像一個由極微細的管和脈所交織而成、似有若無的網絡，構成這些微細管脈的物質是如此的細微難察，以至於無法觸摸到它，如同你無法握住從窗戶探頭進來的陽光一般。這是我們所謂的「內脈」——它們存在於身體內部由神經、血管，甚至骨骼所組成的整個組織架構之內。

事實上，我們的神經系統、血管和骨骼的架構，可說

原本就是依照已存在的、如光般精微的內脈的輪廓，在體內成長。甚至當我們尚在母親的子宮時，這些細微的脈就已經存在了。

我們身體的整個樣貌，內在與外在的，純粹是這些微細內脈的樣貌的翻版。你是否曾在冰雪過後的晴朗早晨走到戶外，看見自家庭院內每棵樹的枝枒上，都覆蓋著一層閃耀奪目的冰霜？覆蓋在每根枝枒上的那層冰霜的形狀，完全取決於其下枝枒的外觀；如果枝枒的表面有個凸起，那麼包覆在其上的冰霜也會形成一個凸起。

身體內外的每個凸起和凹陷，都反映了看不見的內脈的每個彎曲或轉折。例如，下背部的骨骼之所以形成那樣的形狀，那是因為在同一個地方，恰巧是內脈的交集匯聚之處，並且形成了極為類似的凸起。

整頓內脈，獲得健康

你可能已猜想到我接下來要說些什麼。如果這些位於下背部的內脈不知怎麼地糾結在一起，那麼你下背部的骨頭也會「盤根錯節」起來。這正是引起背部疼痛的原因。如果你真的想要擺脫背痛的毛病，你必須解決這第三層的內脈所產生的問題。

雖然時下一般的瑜伽課程中，人們不會談論太多關於內脈的問題，但在古代，練習瑜伽的目的就是要深入這第三個層次，整頓內脈所產生的問題。由於第一個和第二個層次仰賴這第三個層次，因此一旦第三個層次的問題獲得安頓，你的呼吸和健康也就水到渠成。

到目前為止，這所有的一切都是透過練習瑜伽，從身體外部開始著手。現在，我們要進入一個令人感到興奮刺激的部分，也就是「西藏心瑜伽」特殊的訣竅：從內在著手。

從內部著手

你的念頭騎乘在內在的風息之上，
如同騎士騎乘在馬上。

——肯仁波切格西洛桑達欽（1921-），西藏偉大的色拉寺梅分院的住持

我們的血液在血管交織而成的網絡中流動，微細的電流脈衝通過分支交錯的神經系統。那麼，在內脈中移動的又是什麼？

內在的風息與呼吸

在內脈中流動的是內在的風息，之所以稱它們為「風息」，是因為它們如同推動帆船的風一般，肉眼無法察覺，但其所具備的力量卻非常強大。內在的風息和另一種「風」之間有緊密的聯繫，那就是呼吸——我們呼吸的氣息。

想像內在的風息和呼吸如同吉他的一對弦。如果將兩根弦調準到相同的音調，那麼你就能在撥動其中一根弦時，另一根弦會自行振動，發出共鳴。呼吸追隨內在的風息，正如同這兩根弦一般。如果內在的風息平靜沉穩、從容自在地流動，那麼呼吸也會同樣順暢。

然而，是什麼促使內在風息的流動？為了尋找答案，我們需要剝下洋蔥的另一層，進入第四個層次。

第四層次：念頭

簡單地來說，第四個層次即是你自己的念頭。

念頭和內在的風息總是密不可分；它們並駕齊驅，念頭騎乘在風息之上，就如同騎士騎乘在馬上。這種存在於念頭和脈內流動的風息之間的連結，形成一個不可思議的邊界，而我們的身和心就在這邊界交會。這邊界也正是「西藏心瑜伽」發揮作用的處所。

念頭騎乘於內在的風息之上

你只要想想上次興高采烈或心煩意亂的情景，就能自行領會這種關連。當我們出現諸如興奮或煩躁等強烈的情緒時，流動的念頭就會變得一團混亂，而不再平穩、順暢。由於念頭是騎乘於內在的風息之上，因此當它散亂時，風息也開始在脈內騷動亂竄。這種情況猶如騎士突然用腳踢或以馬刺戳刺馬腹一般。那匹被踢或被戳刺的馬會任意狂奔。

由於內在的風息和呼吸之間的關係如同吉他的兩根弦，因此當內在的風息產生騷動時，呼吸也會失去控制，開始變得愈來愈急促，斷斷續續且不均勻。突然之間，我們身體裡的細胞無法準時進食。這種情況如果持續得夠久，會引起潰瘍或心臟病發作，或只

是在臉上添一些皺紋。這是身體正在告訴你，你並未善待它。

因此，如果這第四個層次的念頭，生起強烈的負面情緒，將會擾動與念頭緊連的內在風息。而第三個層次的內在風息，受到強烈的負面情緒擾動時所出現的問題，將對第二個層次的呼吸造成影響，進而擾亂第一個層次的身體健康。第四個層次所出現的毛病有牽一髮而動全身的作用，會一路向上影響到第一個層次。

如果你思考這個問題就會發現，這整個過程也提供我們一個絕佳的契機：我們可善用這些層次之間的相互連結，來解決一些問題，而這也正是大多數種類的瑜伽的目標。

安頓內在的風息，平靜念頭

當你舒展拉引身體時，呼吸會深長而規律。這種作法可安頓內在的風息。內在的風息獲得安頓之後，騎乘於其上的念頭便自然地平靜下來。這種情況如抓住脫韁奔逃的馬的韁繩，讓馬匹輕柔和緩地停下腳步。而騎乘在馬匹之上的騎士也止住了，純粹是因為騎士駕馭其上。所以，好好地做一節瑜伽，將會讓我們感到平靜、清新，精神為之一振。

但如果反其道而行呢？如果由內往外著手呢？假設我們可以生起最良善、以最圓滿方式流動的念頭，然後就能安靜地坐下，只刻意地想著這些念頭。

由於內在的風息和這些念頭連結在一起，因此它會開始平靜而順暢地在內脈中流動，進而在下一個層次觸發相同的變化，讓呼吸也開始變得輕緩而順暢。身體內所有的細胞都能準時進食，菜餚充足而豐盛。這使身體充滿活力，苗條而強壯，而我們只是運用念頭來達成這所有的一切。這正是「西藏心瑜伽」的訣竅。

26

西藏心瑜伽

世界的種子

什麼？
你認為天堂和地獄是由建設公司所建造的？
——喬達摩佛（Gautama Buddha），西元前五世紀

我們一開始談到五種不同的層次。那麼，第五個層次是什麼？

第五個層次：世界的種子

告訴人們，如果他們能生起較平靜的念頭，身體將會感到舒服，這是件非常好的事情，而我們對此也都知之甚詳。問題在於，我們通常身不由己，沒有任何選擇。在我們的生活中，因周遭的人、事、物所引發的問題層出不窮，使人很難時時刻刻都保持平靜或心平氣和。

我們之前已談過一個解決的辦法：當感到疲累、煩躁或不快樂時，你總是可以坐在瑜伽墊上，好好地練習瑜伽。你汗水淋漓，而瑜伽所發揮的功效則一路向下直達內在的風息和念頭。在練習結束後，你的心情感覺好多了，結果也造福了身體的健康。

世界的種子驅動念頭

真正的問題完全繫在第五個層次。如果內在的風息驅動呼吸，念頭又驅動內在的風息，那麼是什麼驅動念頭本身？為什麼某些事物就是會讓人感到心煩意亂？所有這些事物究竟從何而來？為了了解這一點，我們

必須先了解古籍所說的「世界的種子」①是什麼。

有三個人去參加生平首次的瑜伽課程。一個小時之後，其中一人帶著緊繃的脖子走出教室。第二個人覺得很無趣，上了第一堂課後就不再出現。第三個人回家時，感覺自己輕盈靈巧，充滿活力，且為自己找到保持健康苗條的新方法而高興。這三個人上的是相同的課程，做的是相同的瑜伽練習，為什麼會產生不同的結果？

如果你仔細思考，瑜伽課程就只是瑜伽課程，但三個不同的人卻對相同的課程產生三種不同的體驗。古代的大師說道，這種差異源自於每個人心中不同的世界種子。

世界種子決定我們看待萬物的方式

什麼是「世界的種子」？它是存在於我們心中的小小種子；當我們看著某件事物時，它就成熟了，並影響我們看待這件事物的方式，如同戴上一副紅色的太陽眼鏡注視白紙一般，那張白紙會變成粉紅色的。

好的或壞的世界種子，決定了我們看待宇宙萬事萬物的方式。當你的頂頭上司走進門時，如果有顆良善的世界種子在你的心中成熟，你便會看到上司走上前

來，說要替你加薪。如果有顆壞的世界種子成熟，就會看到上司對你大聲吼叫。她是同一個上司、唯一的上司，你看待她的方式，取決於你心中的世界種子，在你的鼻樑上戴了哪一副太陽眼鏡。

這些世界種子從何而來？它們如何在你心中播種？對於這個問題，縱觀歷史，來自世界每個角落的智者都提出相同的答案：種什麼因，得什麼果。我們可以稱它為「業」（karma），或種什麼種子得到什麼果（業報）。決定我們如何看待世界的種子，是經由我們如何對待他人的方式而播種在心中。

想像自己的心是一台精密的錄影機。當你對他人口出惡言，甚至心存惡念時，心便記錄了這個事件。如此一來，一顆具有某種力量的種子就植入你心中，而它所具備力量的強度，取決於你當時情緒的強烈程度。一星期或一個月後，上司走進門來，那顆世界的種子甦醒過來，為你戴上一副糟糕的太陽眼鏡，於是你看到上司對你大聲吼叫。

如果曾善待某個人，而非惡毒卑鄙地對待他，那麼一顆不同的世界種子會成熟，你看到同一個上司為你加薪（如果

達賴喇嘛

你擁有了解這道理的種子，就能了解其中的來龍去脈了）。

讓我們回頭去看看那三個參加相同瑜伽課程，卻有不同結果的人。根據「業報」的概念，那個帶著痠痛脖子走出教室的人，之所以會如此，那是因為在最底層的第五個層次有顆種子甦醒，使他對瑜伽課程產生那樣的體驗。例如，他在參加課程的前一星期，忽略了一個頭痛欲裂、極需阿斯匹靈的同事的需求，而種下帶著痠痛脖子走出瑜伽教室的種子。

第二個既不非常喜歡也不討厭瑜伽課程的人，沒有任何極善或極惡的種子甦醒。而第三個人可能在一個星期之前，曾去探訪一位生病的朋友，因此感覺容光煥發、神清氣爽地走出瑜伽教室；在她心中的世界種子成熟了。

世界種子形塑我們的人生和世界

這些世界種子是威力非常強大的事物。它們一路從第五個層次升騰至第一個層次，決定身體對瑜伽所產生的反應。它們的影響力還更深、更遠，形塑了我們的人生和世界。

因此在某一方面，我們前方的未來就如同一面空白的

黑板。你幾乎可以將未來想像成一顆洋蔥的中心，在你剝下最後一層洋蔥後，其中心是空無一物的。瑜伽是否會對每個人發揮影響力──我們將在那面黑板上看到什麼──完全取決於我們自己。

這個世界種子的概念，即因果業報的概念，如同人類歷史一般久遠。然而就個人層面來說，這概念有點令人難以相信。此時此刻，你無須過度擔憂這問題，只要隨時將它謹記在心即可，讓我們看看它是否真的能夠發揮作用。它是「西藏心瑜伽」如何能「善盡其職」重要的一環，賦予你一個苗條健康的身體，以及一顆終日愉悅昂揚的心靈，如同臉上時時刻刻掛著暢快笑容的達賴喇嘛。

為了總結截至目前所說的內容，我們要尋找一個能一次針對五個層次的瑜伽課程，因為這瑜伽課程所發揮的力量，將會是一般瑜伽課程的五倍。我們需要一個能舒展、放鬆身體適當部位的瑜伽；同時能讓我們的呼吸沉靜而飽滿；讓我們內在的風息平穩、順暢地流動；讓我們充滿良善的念頭；並幫助我們在心中種下美好未來世界的種子。

這正是每天三十分鐘的「西藏心瑜伽」為你創造的利益。因此，讓我們開始做第一個瑜伽練習。

【譯註】

① 世界的種子（world-seed）：即位於種子識的種子。

34

西藏心瑜伽

瑜伽練習（一）

玫瑰裡的鑽石

當你聽到內心的歡唱時，
你將知道自己的瑜伽正在發揮作用。
——斯瓦瑪拉瑪瑜伽士（Svatmarama Yogi），第十四世紀

現在我們開始
「西藏心瑜伽」十個瑜伽練習的
第一個練習。每次當我們要做一個新的
瑜伽練習時，會先說明練習的方法。接著，
我們會解釋這瑜伽練習如何
一路從第一個層次到第五個層次，
對你的身心發揮功效，
並帶來平靜和力量。

瑜伽練習（一）

觀想玫瑰裡的鑽石

◎所需時間：兩分鐘

◎舒適地坐在瑜伽墊的前段。

◎雙手合掌，同時兩個拇指左右並排地放在雙手中間，然後緊靠著胸腔心間的部位。

◎輕輕地閉上雙眼，把心安靜地專注在兩眉之間的一個點。

◎觀想有朵紅玫瑰在你的心間，玫瑰的中心有顆閃亮耀眼的鑽石。

◎輕柔地唱誦咒語：「唵嘛呢唄美吽」，或任何簡短的、能振奮鼓舞自己的詞句。在心中持續觀想玫瑰中心的鑽石，直到兩分鐘的時間結束為止。

溫暖和放鬆位於心臟部位的內脈

第一個瑜伽練習的重點在於，溫暖和放鬆位於心臟部位的內脈。輕柔地吟唱或念誦，並不只是某些人在瑜伽課開始時所做的無聊事。在展開瑜伽練習之前輕聲地唱誦，和慢跑開始前先暖身一樣重要。

讓我們了解其中的原因。

負面的念頭會擾動內脈中的風息

我們已談論過一個由光構成的脈所交織而成的網絡，這個網絡為身體的每部分奠定了基礎。在這些內脈之中，最重要的中脈①縱貫身體最核心、最重要的部位，如同地球繞行運轉的、無形的地軸線。當內在的風息在中脈順暢地流動時，我們感到輕鬆靈巧，且快樂幸福。

在中脈的左右兩側各有一條平行並列的脈②。這兩條脈比中脈更微細，且在某些地方交叉環繞中脈，如同藤蔓盤繞在木頭上。在這兩條脈中流動的內在風息，與我們瞋恨、貪愛和愚癡的負面情緒有關。由於念頭和內在風息的關係，猶如騎士騎乘於馬上，因此無論何時，只要心中生起負面的或有害的念頭，它就會擾動在這兩條脈之中流動的風息。

當這兩條側脈之中的風息被激起擾動時，他們就會開始擴張，如同將空氣吹進細長的氣球裡一般。於是，擴張的側脈便在與中脈交叉環繞之處，開始壓迫中脈而使其阻塞，導致中脈裡的風息無法自由順暢地

禪修

流動，如同扭曲糾結的水管一般。由於所有的善念都與中脈裡的風息有關，因此我們開始感到緊張不安或不快樂。在某個層次所產生的問題會牽動其他所有的層次，所以身體的健康也會受到影響。

在所有的「結」③之中，最重要的結位於心臟高度的中脈。在此處，這兩條側脈把中脈環繞得最緊，這也正是為何在經過幾天備感壓力的工作或家庭生活後，胸部會開始出現疼痛的原因。所有「心瑜伽」的練習，都是以心臟部位的結為目標，加以開啟疏通，使快樂的念頭暢行無阻，滋養我們的身體。

以念誦放鬆心臟部位的結

吟唱或念誦對於放鬆心臟部位的結，功效尤其強大。這也是為何當我們在鬧情緒、發牢騷時，會很難開口唱歌的原因；在心臟之中，我們已有了一個結。這也是有那麼多人喜歡邊淋浴邊唱歌的原因，事實上，中脈行經的部位比較靠近背部，而非身體的前部，而溫暖的沖浴能放鬆這個部位。這麼做也放鬆了心臟部位的結，讓我們想要開懷歡唱。

現在，你或許已猜想到，為何數個世紀以來，人們將心和慈愛等情感連結在一起，

觀世音菩薩

這全都要追溯到放鬆這個特別的、環繞中脈的結。我把心交給你；敞開你的心；願你心想事成。「西藏心瑜伽」的練習，是以我們一直以來對心的了解為基礎。

唱誦「慈愛之眼」之歌

因此，唱歌有益於我們的心。那麼，我們應該唱些什麼呢？此處所建議唱誦的簡短咒語是個非常古老的咒語，也一直是從第一世達賴喇嘛到現今的達賴喇嘛最喜愛的咒語。想像在今天，到目前為止，世上每個人腦海中生起的所有善念。接著想像將所有善念全都集中在一處，然後以這些念頭創造出一個人，如同以白雪堆出一個雪人。這個以所有善念創造出來的人，精巧細緻，散發純淨無瑕的光，如同古老繪畫中的天使。

西藏人將這美好的創造物視為守護神，並稱之為「觀世音」（Chenresik），意指「以慈愛之眼看顧我們的守護神」，或簡稱「慈愛之眼」。西藏人相信每一世的達賴喇嘛，實際上都是守護神觀世音。而此處所唱誦的簡短咒語，一直以來總是和「慈愛之眼」觀世音有關，因此也和達賴喇嘛有所淵源。這個短咒對於解開我們心中的糾結，具有非常特殊的效果。

「唵嘛呢唄美吽」（觀世音的六字明咒）是以印度的古老語言梵

唵嘛呢唄美吽（觀世音之六字明咒）

文寫成。梵文的發音構成了全世界半數語言的基礎，其中包括英語。西藏人認為，這是因為我們為事物命名所使用的文字，全都源自在身體內風息流動所發出的深沉而細微的聲音，而梵文則是以這些風息之歌為基礎。因此，當以梵文吟唱時，有助於放鬆內脈的結。例如，梵文的「唵」（Om）這個音，能使我們敞開心胸，在身、語、意三方面更加善待他人。

許多人可能覺得，以自己的語言來唱誦咒語比較自在，而這種作法同樣行得通。如果以英語唱誦，那就是：「我歌詠玫瑰裡的鑽石」。這咒語的原意是：「唵！蓮花裡的寶石。」然而在「心瑜伽」裡使用鑽石和玫瑰，有個非常特殊的理由。

觀想玫瑰裡的鑽石

在我們心中的這朵花，是朵芬芳動人的花，也是朵在艱困的環境中成長茁壯的花。在印度，這朵花是一朵粉橘色、帶著令人驚豔的暗香的蓮花，它總是生長在池塘中最污穢、最受污染之處，卻能亭亭而立，出污泥而不染。這朵花代表我們對其他人的愛，在我們心中的愛，即使是最緊張、最艱難的時刻，也能寧靜而不受影響地成長。

當你觀想心中之花時，觀想一朵陪伴你成長的花朵是重

要的，因為它能更強力地推動潛意識的念頭和內在的風息。因此，對大多數人而言，紅玫瑰是最佳的選擇。即使在幾乎無水的情況下，或在沙漠之中，或在繁忙的現代生活中，它都能成長茁壯。

之所以要觀想在玫瑰之中有顆鑽石，那是因為在你完全解開心中之結的那一天，將會看到一道充滿愛、澄澈如水晶般的光芒從鑽石放射出來，射向整個宇宙中的一切眾生。在這個愛的背後，是萬事萬物究竟的真理④，而這個真理本身一如鑽石般純淨不變。

如同達賴喇嘛常在世界各地發表演說時所說的，在做第一個瑜伽練習時，僅僅念誦任何一個特殊人物的名字也非常適當，不論他是過去或現在的人，只要對你意義重大即可。這個人可以是摩西、耶穌或穆罕默德；或敬愛的老師；甚至可以念誦母親、父親、妻子或丈夫的名字，任何能激發你內心慈愛的人都可以。

不要害羞，清清楚楚地將它吟唱出來。這麼做看起來有點土氣，但如果你希望瑜伽練習能讓自己苗條而強壯，這麼做是重要的。當兩分鐘的時間結束時（你或許想要使用一個計時器），繼續第二個瑜伽練習。

【譯註】

① 密乘的論著中說身體有七萬二千脈，甚至八萬脈，有三條主脈：中

脈、左脈、右脈，和五個脈輪。

②即指左脈與右脈。

③即左脈、右脈與中脈交會之處。

④即一切諸法的究竟實相。

圓滿的十

一個心散漫的人，
等於已把自己的頭，
伸進這頭不快樂、可怕獅子的大口之中。
——寂天大師（Master Shantideva），第八世紀

在第二個瑜伽練習之中，
我們觀察呼吸，藉此收攝自己的心，
使我們能將心專注在即將進行的瑜伽練習之上。
從事這個瑜伽練習的説明，
擷取自第一世達賴喇嘛的著作
《菩提道燈論》（A Lamp for the Path to Freedom）。
事實上，這些説明源自一千六百年前，由印度
世親大師（Vasu Bandhu）
所撰寫的《俱舍論》（Treasure House of Wisdom）。

瑜伽練習（二）

數息

◎所需時間：兩分鐘。

◎舒適地坐在瑜伽墊的前段。

◎雙手放在膝蓋上，掌心朝上。

◎雙手的拇指輕觸食指，並放鬆其他的手指。

◎背脊挺直，務必確定肩膀保持水平；放鬆額頭與嘴角；下
巴保持垂直，別抬得太高，或收得過低。

◎雙眼向下凝視，然後輕輕地閉上眼睛。

◎吸一口氣，然後緩慢而深長地將空氣從鼻孔呼出。從這時
開始，只用鼻子呼吸。

◎現在，輕輕地吸氣；然後呼氣之後，再吸一口氣，算做一
次呼吸。我們將這動作稱為「呼氣／吸氣的一個循環」。

◎將心專注在呼吸上，直到數息十次為止。如果你發現自己
分心，就重新開始從「一」數起。

◎當數到「十」或時間結束時，接著做第三個瑜伽練習。

以規律的方法呼吸，使心平靜

我們的呼吸和內在的風息連結在一起，而內在的風息則
和念頭連結在一起。這意味著當生起良善或平和的念頭
時，呼吸也會變得平穩而規律；這也表示如果刻意以一

種規律的方法呼吸，念頭也會變得比較寧靜。如果我們希望「西藏心瑜伽」的練習能讓自己變得更堅強、健康，那麼規律的呼吸非常重要。

瑜伽的姿勢是用來舒展和挺直內脈，使風息能更加平穩、順暢地在內脈中流動。這個在第三個層次所發揮的作用，往上影響到身體的第一個層次，使身體苗條而結實。但如果做瑜伽練習時，心中卻憂慮家庭或工作上的某個問題，內在的風息就會因而變得一團混亂。

之所以出現這樣的結果，是出自於相同的原因——念頭和風息是相互連結的。因此，不論瑜伽練習為外在的肉體帶來何種好處，它們都被內在風息的騷動抵銷了。懷著散亂心來做瑜伽，幾乎就如未做任何瑜伽一樣。

從「一」到「十」專心地數息

古代的瑜伽大師認識到這一點，因此將「圓滿的十」當作從事瑜伽練習之前的必要條件。「圓滿的十」這名稱是來自你必須完美地數息十次——這意味著專心致志，心無旁鶩。

看守出入鼻孔的氣息

一旦你嘗試完美地數息十次，就會發現要達到這目

世親大師

標，完全不像它聽起來那般容易。想像心坐在鼻端，如同看守銀行金庫的警衛，去感覺出入鼻孔的氣息。當你比較嫻熟這練習後，也可以開始傾聽氣息通過鼻毛所發出的極細微聲音，如同風穿過樹林一般。之後，你的呼吸會變得輕柔和緩，以致於連這細微的聲響都消失了。

如果在數息時察覺到自己已分心，那麼就重新從「一」開始數起。如果你對自己非常誠實，或許會發現在開始心猿意馬之前，能數息三次或四次，就已很困難了。這是個無可否認的徵兆，指出現代人的心是多麼地散亂。當我們真的想讓心靜止卻又無法辦到時，內在的風息就必定持續處於匆忙和迷惑的狀態之中。

根據古籍記載，了解念頭和內在風息的騷動混亂，不僅是身體不健康的原因，也會引起老化，這是非常重要的。因此，若知道如何適當地調和內在的風息，或許能將生理時鐘倒轉，達到回春的效果。

盤腿而坐，挺直背部

以下是如何做這個瑜伽練習的幾個細節：如果能盤腿是好的，因盤腿比雙腿外伸更易讓背部保持挺直。為了讓內在的風息能在中脈裡順暢地流動，

挺直背部是絕對必要的。

這正是為何當你坐直在椅子上時，思路比較敏捷而清晰的原因，因為若風息順暢流動，念頭也會跟著流暢。所以在本書中的許多瑜伽練習，都將目標放在讓背部更強壯、靈活，尤其是心臟正後方這重要的脊椎區域。

當瑜伽練習有所進展之後，可以採取半蓮花坐姿，即盤腿時將右腳放置在左大腿之上；之後，甚至可嘗試蓮花坐姿，即大成就者的坐姿①。你應向合格的老師學習這些坐姿，並檢查膝蓋是否足夠放鬆。

為了維持背部的挺直，西藏的上師常常建議將一個小的坐墊放在座位的後段，如此一來，脊椎的基部就會比大腿高一些。

如果發現閉眼讓你昏昏欲睡，那麼試著微微張開眼睛，但要持續向下凝視，避免將焦點放在前方的任何物品。

先呼氣再吸氣，當作一次數息

在做「圓滿的十」的數息練習時，最重要的細節或許是應如何數息。一般來說，當某個人要我們開始數息時，我們會深深地吸進一口氣，彷彿即將潛水游一段距離般。然後，當呼出那一口氣

時，就認為那是第一個數息，且持續這般地數下去。

然而，「西藏心瑜伽」的獨特之處即在於，數息時總是先從呼氣開始算起。在本書的所有瑜伽練習之中，將持續使用這種呼吸方式；把「一呼、一吸」當作一次數息，而非「一吸、一呼」，這是非常重要的。

首先，這種呼吸方式能更加輕易地讓呼吸平靜下來，你不妨嘗試看看。如果你的呼吸因緊張或煩躁而加快或失去韻律，那麼，刻意地強迫自己冷靜地吸氣，好使呼吸在極短的時間內平靜，幾乎是不可能的事。但如果你將焦點放在減緩呼氣的速度，緩和而深長地呼出所有的空氣，直到排空肺臟內的空氣為止，那麼呼吸立刻就會安頓下來。

想想看，當你好好地嘆一口氣時，呼吸給你什麼樣的感覺。在此所談的並非你感到非常疲倦，或對某人火冒三丈時，突然發洩出來的那種嘆息。而是指當你感到非常滿足而放鬆時，從胸腔和喉嚨底部所發出的緩慢、輕柔的嘆息；那種躺在長沙發上聽著最愛的音樂，或當某人擁抱你時，自然而然發出的嘆息。你也可以想一想，當小孩子睡著時，他們如何呼氣。

這正是我們希望在做「西藏心瑜伽」時，每個呼吸開始的方式——當呼氣時，發出相同輕柔的嘆息。如果你習慣將「一呼、一吸」當作一次呼吸，那麼就會發現這種

呼吸方式，會讓你一整天更加沉穩、平靜。因此，在做「圓滿的十」瑜伽練習時，就開始練習這種呼吸方式。

之所以要先呼氣再吸氣，有另外一個原因。當我們從母親的子宮出生時，第一個呼吸是先吸氣；而當臨終時，最後一個呼吸是呼氣。一如古代印度和西藏的大師所說，瑜伽的本意是反對事物的常態，我們無須如慣常的方式那樣變老。我們本是為了生命，而不是為了死亡。先讓最後的呼氣吐出來，然後吸氣——讓我們活著。讓內在的風息自由順暢地流進中脈，並在那裡永遠歡唱。

【譯註】

① 蓮花坐姿：梵文 Siddha asana，即雙盤，或金剛跏趺坐。

50 西藏心瑜伽

瑜伽練習（三）

帶走黑暗

施與受，騎乘在風之上，
救度每個有情眾生，從痛苦之海中解脫。
——第一世班禪喇嘛（1567—1662）

在此要做的是，
「西藏心瑜伽」中最重要的一個練習。在我們
能做的所有瑜伽練習中，這練習
可以在最深的第五個層次，
發揮最深、最廣的效果。
而這第五個層次，是由創造了
我們的世界和身體的種子所構成。

瑜伽練習（三）

由自己承擔他人的痛苦

◎所需時間：三分鐘。

◎在完成「圓滿的十」的數息之後，繼續舒適地坐在瑜伽墊的前段。

◎將心帶進位於兩眉之間的一個點上。這次，將專注的焦點從眉間這個點，往頭頂的方向移一公分多，然後進入頭腦之中大約二點五公分。這是一個讓你集中心神的完美位置。

◎現在，再將念頭往下帶到心，並深入心臟，到達位於背脊前方二點五公分或五公分的位置。

◎在這個地方，你看到那顆位於玫瑰中心的鑽石。鑽石一直都在那裡，聞一聞玫瑰的香氣，然後凝視鑽石所發出的閃耀澄明的光芒。

◎接著，憶念一個你所愛的人——朋友或家人。你知道此時此刻，他（她）正在經歷某種身體的或情緒的痛苦，試著清楚地觀想他（她）身處的房間。

◎現在，觀想自己進入那房間，坐在他（她）的前方。你是無形的，他們看不到你，但是你看得到他們。

◎現在，假裝他（她）所承受的無論是身或心的所有痛苦，全都集中在其心中，形成一小灘黑暗。它看起來好像一小片黑墨水，大約一個硬幣的大小。

◎在此停頓片刻，並思量你所愛的人所受的痛苦。想想此時

此刻，在他（她）心中生起的各種憂慮。你的想像要特定而具體，並考慮到細節。此時，你的心會變得散漫，要立刻收心，將心專注在這些人的問題之上。

◎想一想，如果你能帶走他們的痛苦該有多好，但如果解除其痛苦的唯一方式，是由你來承受相同的痛苦，那又如何？你要下定決心，即便是如此，你也願意去做。正是這種決心，能為地球上的每個眾生帶來真正的意義與快樂。

◎接著，毫無任何疑問或猶豫，你下定決心將帶走他（她）的痛苦，並由自己承擔。帶走他人痛苦，而由自己承擔的作法是，做幾個深呼吸。每次吸氣時，這個輕柔的風息，就會帶動他（她）心中的那小團黑暗稍稍上移。這小團黑暗慢慢地向上移動到他（她）的喉嚨，然後以一股如同香菸所冒出的黑煙般，從他（她）的鼻子冒出來。

◎這股黑煙在你鼻子的正前方，再度集中形成一小團黑暗。在此停頓一下，並且做幾個輕聲的呼吸，來為最後一個吸氣做準備。這最後一個吸氣，將吸納所有的痛苦，攝入己身。你要勇敢，且再次下定決心告訴自己，自己受苦比他們受苦來得好。

◎最後再看一次玫瑰中心的鑽石。這顆鑽石耀眼奪目，放射出光芒和力量。它可以摧毀任何碰觸它的事物。

◎在吸進那小團黑暗的同時，想像鑽石的力量將摧毀所有的黑暗，這是非常關鍵而重要的。因為我們承擔他人所

慈氏菩薩（即彌勒菩薩）

有痛苦的願望，能永遠摧毀他人和我們的所有痛苦。絕對別去想有任何一絲黑暗將留在體內，連一刻也不要去想。

◎現在，吸一口氣，觀想黑暗如同一條河流般，流進你的鼻子；黑暗在鑽石前方聚集成為一小團黑雲；然後，這團黑雲觸及鑽石。這所有的觀想，都在吸這一口氣時完成。

◎當黑雲的邊緣碰觸閃亮的鑽石的邊緣時，突然放射出金黃色的光芒，遍及整個身體內部。它彷彿一個電力強大的照相機閃光燈，在心臟發出閃光。

◎在發出閃亮的光芒後，你唯一能看見的是那顆在玫瑰中心的鑽石，一如往常地閃耀著動人的光芒。你看到極微細的一縷白煙消失在空氣中，所有的痛苦都消失了。觀想一切痛苦都消失無蹤，是非常重要的。現在，沒有人會再被這痛苦所傷害。

◎再靜坐片刻，直到時間結束為止。你仍然坐在同一個朋友或家人前面，且你仍然是無形的。安靜地在此休息片刻，欣賞他（她）的面部表情。突然間，你摯愛的人所承受的所有痛苦和煩惱完全消失，他們不知道箇中原因，但他們一點也不在乎。此時此刻，他們感覺多麼美妙！欣賞你摯愛的人所擁有的快樂，並為自己有勇氣去解除他們的痛苦而感到驕傲。

真正的快樂是讓他人幸福快樂

所有的人都想獲得快樂，這也是世上數十億人口都會在早晨將雙腳踏在地板上，從床鋪上起身的原因。

在起身後的一整天中，我們都在追尋快樂。但在這過程中，最後都會做出一些自私自利的事，甚至是傷害周遭其他人的事。然而，我們真正的本性並非如此，我們知道自己並非真正想要如此做，且這也不是自己的本意。結果，我們在夜間上床就寢時，往往比早晨起身去追求幸福快樂時，還要不快樂。

簡而言之，讓每個人擁有真正快樂的事，就是讓其他人幸福快樂。在匆忙的生活中，我們有時就是忘了這一點。這也是為何每次做「西藏心瑜伽」時，都要修持「施與受」這古老法門的原因。我們做一些讓其他人感到幸福快樂的事；而在這個世上，也沒有任何事物能讓我們更加快樂。

事實上，在「施與受」這法門中，「受」總是先於「施」。我們稍後再做「施」的部分，因為在你感覺比較舒服時收到某個人的贈禮，比在病重時收到禮物，要有樂趣多了。

「西藏心瑜伽」的核心——帶走他人的痛苦

帶走其他人的痛苦，是「西藏心瑜伽」的核心。為了了解其中的原因，我們必須回頭去看那五個層次。

第四世班禪喇嘛羅桑卻吉堅贊

練習瑜伽讓呼吸順暢，身體健康

在上瑜伽課時，將自己扭曲成椒鹽脆餅（pretzel）一樣，有時其功效只會深達第一個層次，尤其還未學習到古代瑜伽老師的正確方法，來做各種不同的瑜伽姿勢時，更是如此。換句話說，你的身體可能會感覺比較舒服一段時間，但並不持久。

如果作法正確，傳統的瑜伽練習能深入第二個和第三個層次：它們有助於將內在的風息回復到平穩、順暢的流動狀態，呼吸也隨之平穩、順暢。接著，愉悅的呼吸發揮共鳴共振的作用，甚至使得內在風息更加平穩、順暢。藉由規律的瑜伽練習，這種在我們內部的、深層的健康，向上影響至第一個層次，使身體感覺更輕盈靈巧，更加年輕。

即使傳統的瑜伽練習能發揮這種效果，卻不一定能深及第四個或第五個層次：念頭與在心中的世界種子。這意味著，我們的健康將不會產生真正永久的改善。如果瑜伽並未對這兩個最深的層次發揮影響力，那麼當做瑜伽來讓自己感覺較年輕時，我們也走向衰老。

因此，在經過幾年、幾堂瑜伽課之後，無論多麼有紀律地練習瑜伽，或多麼地訓練有素，我們變老了。坦白說，我們變得太老，甚至老到無法再做任何瑜伽；當做

瑜伽時，就是如此。然而，事情無須演變到這個地步。

修習「施與受」，種下善念種子

在內心深處，我們都知道，讓其他人快樂，才能真正地讓自己快樂。在一整天當中，人腦所能想出最好的善念，就是希望去做一件事，讓另一個人感到幸福快樂。因此，假設我們花幾分鐘時間，單單只去想像如果能帶走某個人正在經歷的部分痛苦，那該有多好。這想像是如此的美好，如此的正確，以至於每個念頭開始在內脈中歡唱。

這個結果會對其上的層次產生立即的效果，和念頭連結在一起的內在風息，也開始歡唱。這觸發了呼吸的歌聲，進而為身體的每個細胞帶來穩定而新鮮的空氣，而瑜伽練習將真正地發揮作用。我們不會是那個帶著痠痛脖子走出瑜伽教室的人，而將會是神清氣爽地回家的那個人。

然而，「施與受」這法門最令人感到興奮的部分，是它對念頭之下第五個層次的世界種子所起的作用。即使我們只花兩或三分鐘去善待他人，即使只有幾分鐘希望自己能善待他人，便能在心中種下一大籮筐非常清淨、力量強大的種子。

我們必須謹記，當這些種子發芽時，它們將決定我們看

待周遭每件事物的方式，甚至是看待自己的方式。如果曾在過去因忽略他人的需求，而種下惡的種子，那麼將看到上司走進門來，對我們大聲吼叫。

但如果我們曾在過去種下善的種子，例如當做瑜伽練習時，修習「施與受」的古老法門，那麼就會看到上司走進來為我們加薪。或看到自己從瑜伽中獲益，變得更加健康。你瞧！我們能讓「施與受」這小小的夢想成真，也可以教導其他人如何去做。

和太陽一起施予

不要問自己，「如果我把這個送給另一個人，
我自己將擁有什麼？」相反地，你要問自己，
「如果我不能將某件事物送給另一個人，
那麼擁有它有什麼用處？」

——寂天大師，第八世紀

現在，我們真的已準備就緒，
要以身體來做瑜伽練習，
它們將對我們發揮真實的作用，
一路向下影響到最深的第五個層次。
我們從最受歡迎的古老瑜伽
「拜日式」（Surya Namaskara）開始，
但要用一個非常新穎、特殊的，
來自達賴喇嘛傳承的方式來做它。

瑜伽練習（四）

拜日式／贈予「布施」

◎所需時間：五分鐘。

◎兩腳併攏，站在瑜伽墊的前段。

◎吸氣，然後輕聲地說：「我送你『施予』的禮物」。雙手合掌置於胸腔，閉上眼睛。再吸氣。

◎站立不動，做五個循環的呼氣和吸氣。呼吸要非常地緩慢而飽滿，且只用鼻子呼吸。那朵中心有著鑽石的玫瑰，仍然在你的心間，芬芳而閃耀。每次呼氣時，氣息都帶著玫瑰動人的香氣。此時，你被玫瑰的動人香氣所環繞。

◎再次憶念那個在你的生命中具有特殊意義的人——在上一個瑜伽練習中，你帶走了所愛的人的痛苦。你再次地坐在他（她）的前面。現在，我們已去除他們所有的煩惱和憂慮，想要讓他（她）充滿良善和快樂的念頭，而第一個念頭是——極樂意布施他人。我們要送給朋友「施予」的禮物，一旦收到這個禮物，他們將突然感受到「施予」的喜悅，而想將各種事物送給他人——無論是如金錢等物質，或保護他們免於恐懼和憂慮，或愛，或了解如何調和所有的五個層次，得到永久的健康。

◎現在，每次呼氣時，玫瑰馥郁的暖香從鼻子呼出來。它輕柔地進入另一個人的鼻子；他們吸進香氣，而香氣向下行至心臟。現在，觀想他們的心中有另一朵包含著鑽石的玫

瑰。突然間，那個人感到想要給予，感到想給予他人一切
所需的喜悅。

◎由於喜悅之故，你所愛的人心中的鑽石熠熠生輝，如同月
光映照在一池純淨、淡藍色的池水上。天藍色、如水般純
淨的閃耀光芒，分別從你和他們心中的鑽石散發出來，並
在你們兩人的心間形成一座光橋。在寂靜中，你心中的鑽
石有時甚至融入他們心中的鑽石之中，兩者合而為一。

◎在如此做了第五個吸氣後，就可以開始做瑜伽練習。從這
時開始，每個呼吸都有其作用，將沒有多餘的呼吸，且在
每個呼氣和吸氣時，我們都會做一些非常特定的動作。剛
開始，你會需要撥出一些額外的時間，多做一些額外的呼
吸，來檢查接下來的步驟。在一、兩個星期之內，你就會
自然而然地養成習慣。記住，對現在的你而言，把「一
呼、一吸」而非「一吸、一呼」當作「一次呼吸」，是非
常重要的。在做瑜伽練習時，自始至終都要留意這種呼吸
方式。

◎呼氣：現在，雙手合掌置於心間，拇指勾在一起置於雙掌
之間。雙手緊貼住胸腔，然後做第一個呼氣。

◎吸氣：雙手保持前述的手勢，雙臂向前伸直，然後一起往
下墜。將手臂伸直朝天空向上延伸，且微微往後，輕輕地
彎曲背部。在向後彎曲背部時，彎曲部位應位於心臟，而
不是頸部或下背部。眼睛直直地向上凝視，而不是注視微
微向後的雙手。（見頁62，圖一）

◎維持這個姿勢，直到做完五個循環的呼氣、吸氣。這個瑜

伽姿勢在西藏稱為「天空的鑽石」（Namka Dorje）。

◎呼氣：身體向下彎，雙手握住腳踝，或以拇指和食指抓住大腳趾，雙腿和背部要打直。當有所進展時，試著將雙手平放在雙腳旁邊的墊面上。凝視雙腳。（見頁62，圖二）

◎吸氣：左腳往後退出大約七點五公分。左腿打直，右腿屈膝。

◎呼氣：繼左腿之後，右腿以相同方式伸出。兩腿打直，臀部朝天空的方向上抬。把雙手和雙腳向下平貼地面，雙眼凝視肚臍。（見頁63，圖三）

◎吸氣：降低臀部，胸部向手臂方向向前移，使整個身體從頭到腳保持水平，彷彿要做伏地挺身一樣。（見頁63，圖四）

◎呼氣：彎曲手肘，身體慢慢地向下貼移。抬起下巴，直視前方。

◎吸氣：以雙手將身體向前推，雙腳腳背平貼墊面。接著雙臂打直，彎曲背部，雙眼向上凝視。記住，彎曲的部位應主要位於心臟，而不是頸部或下背部。（見頁64，圖五）

（圖一）拜日式：「天空的鑽石」　　（圖二）拜日式：下彎

◎呼氣：再將自己向上推起，回復原先臀部抬高，雙手、雙
　　腳緊緊平貼墊面的姿勢。雙眼凝視肚臍。

◎吸氣：將左腳伸進雙手之間，保持彎曲，右腳伸直，然後
　　將右腳稍微往外轉。雙手收回胸前、合掌，兩個拇指勾在
　　一起，置於兩掌之間，手臂向上伸直。雙眼向上凝視雙
　　手，身體微微地彎曲，在心臟的部位而非頸部。

◎呼氣：再次將雙手分別置於前伸的左腳兩側的瑜伽墊上。
　　左腳退回原來的位置，和右腳並排。再將身體從頭到腳保
　　持水平。彎曲手肘，朝下降低身體，下巴抬高，雙眼凝視
　　前方。

◎吸氣：以雙手把身體推向前，兩腳的腳背緊貼墊面。接

（圖三）
拜日式：拱起

（圖四）
拜日式：平排式

著，打直手臂，彎曲背部，雙眼凝視天空。

◎呼氣：將身體推回，臀部向上抬高，雙手、雙腳緊壓墊面的姿勢。雙眼凝視肚臍。維持這姿勢，直到做完五個循環的呼氣、吸氣。

◎呼氣：將左腳快速地向前伸進兩手之間，雙眼向前凝視。

◎吸氣：將右腳向前踏到左腳旁，雙腿和背部打直，彷彿正在鞠躬一般。此時，雙眼仍直視前方。

◎呼氣：將目光向下移至腳趾，雙手握住腳踝，胸部貼近雙腿，並保持平直。

◎吸氣：雙手合掌，兩個拇指勾在一起置於兩掌之間，膝蓋微微彎曲，然後雙臂再次地朝天空伸直。在心臟部位的背部微微彎曲，雙眼向上凝視。

◎呼氣：身體站直，雙手合掌置於心間，兩拇指並排置於兩手之間。

◎重複所有的步驟，只不過這一次，是先踏出右腳。

◎左、右腳再重複各做一次。

「拜日式」有助身體健康

從這個瑜伽練習開始，以及接下來的所有瑜伽練習，都

（圖五）
拜日式：下壓

屬於「施與受」這傳統修法「施」的部分，而它也是達賴喇嘛「西藏心瑜伽」傳承的關鍵，當呼氣時，我們就完成了「施」。將呼吸和完美的念頭結合在一起，有點像火柴碰觸一碗汽油般，對我們身體的健康和心靈的平靜，帶來立即而強大的影響。讓我們看一看，兩者合一的效果如何遍及五個層次。

舒展頸部和肩膀

「拜日式」之所以是威力如此強大的瑜伽練習，是因為它以一種有趣的方法，將數個瑜伽姿勢結合在一起，讓人享受到每個瑜伽姿勢的所有好處。

在這個練習一開始的階段，站在瑜伽墊上，這站立的姿勢稱為「山式」（Mountain Pose）或者是「不動如山式」（Steadfast Pose），它賦予我們平衡感和挺直感。事實上，這種如同有條穩定的軸線穿過身體中心的感覺，讓我們些微地體驗到中脈的力量。僅僅因為擺出一個良好的姿勢，我們內在的風息便開始在中脈中活躍起來。

當雙臂伸向天空時，緊繃的頸部和肩膀獲得舒展。事實上，這兩部位之所以能舒展開來，是因為這姿勢微微疏通了內

脈中兩個阻滯的結——一個位於頸項的基部，另一個靠近心臟後方的背脊。由於「西藏心瑜伽」強調開啟疏通心臟，因此我們在此稍稍暫停，做五個緩慢的呼吸，先呼氣再吸氣。

將焦點放在彎曲心臟後方區域的背脊，是非常重要的；頸部別向後彎太多，嘗試將下背部維持在幾乎挺直的狀態。如果彎曲心臟後方的背脊，並維持這姿勢，那麼開啟心臟部位的結的效果會更加強大。

改善消化吸收能力

接下來，腰部向前彎曲的動作，對消除腰際多餘的脂肪有極大助益。重要的是，頭部要保持挺直，並從臀部而非下背部彎曲。

任何傳統的合格瑜伽老師，都能教導你如何演練這個瑜伽姿勢，而這也是「西藏心瑜伽」的另一項優點：你可以將這姿勢和從其他瑜伽課程所學習到的任何姿勢，結合在一起。

這個向前彎曲的姿勢，也有助於放鬆靠近腰部上方背脊內脈的結，以及靠近尾椎骨的內脈的結。這姿勢也會改善消化吸收能力，你會漸漸地對健康食品產生自然而然

騎乘太陽

的渴望，同時對不健康的食物失去興趣。

同樣地，你也會自然地比以前少吃一點，因為消化功能
已處於最理想的狀態。結果你會變得更苗條、強壯，因
為身上的贅肉少了，用在分解消化多餘食物的珍貴能量
也少了。反正那些多餘的食物不會被身體運用，只有排
出體外一途。

這部位的內脈獲得舒展，也會對你的性生活造成影響，
賦予你更多純淨而健康的活力。會有如此的結果，那是
因為內在風息的流動，受到更平靜、純淨念頭的影響，
而獲得改善。然後，你可以將所有的性活力，傳輸到生
活中的每個部分，於是你將變得更有創意，每天都擁有
無窮的活力。

強壯胸部和下背部

在這個姿勢之後，是個伏地挺身的動作，能強壯你的胸
部和下背部，同時手臂看起來更有吸引力。如果你是女
人，手臂會變得更加纖細而苗條；如果
是男人，手臂肌肉看起來會像是經過雕
塑一般。

在伏地挺身的動作之後，將頭部和胸部
朝天空的方向上抬，同時背脊後彎。同
樣地，在做這動作時，試著挺起胸部，

彎曲心臟後方的背脊，而非下背部。而其中的訣竅是：刻意地將背部的肩胛骨拉攏，同時伸展胸部的皮膚。

預防下背部痠痛

接著，將臀部向上抬，形成上下顛倒的「V」字型，是個相反於背部向後彎曲的姿勢。這姿勢舒展了後側（面向背部那一側）的脊椎骨，來平衡先前舒展前側的（面向身體前方那一側）脊椎骨的姿勢，因而能預防下背部痠痛。

當然，下背部會痠痛，原本就是因為在同一個區域的內脈中有結之故。這舒展動作有助於紓解這個結。

增加腿部的力量

雙腿分開，雙腳膝蓋微微彎曲，身體向天空伸展的姿勢，可增加腿部的力量，同時讓腿部的線條更加優美勻稱。雙腿分開的這個動作，有助於開啟鼠蹊部內脈的結，同時提升消化功能和性能力。

每次向天空伸展時，務必將兩個拇指勾在一起，放在雙掌之間，並將這手勢想像成在心間那朵包含鑽石的玫瑰。事實上，這種持續的提醒有助於敞開你的心。

「拜日式」有助心靈平靜

截至目前為止，這整個瑜伽練習都是從外部來處理阻滯的結；而「西藏心瑜伽」真正的祕訣，則是在於從內部著手，其威力無限強大。在做這瑜伽練習時，將每個呼氣當做一次呼吸的開始，並嘗試在每個呼氣時，將一些珍貴的事物送給我們嘗試要幫助的人——我們先前帶走其痛苦的那個人。

觀察呼吸，使心安住

這讓我們產生一個想法：在心中擬定一張核對清單——有如飛行員或太空人在飛行器升空之前，所檢視的核對清單，藉以確認每個環節都正常運作。之前我們曾提到，當做瑜伽練習時，如果讓心漫無目的地遊蕩，掛慮日常生活中所有的問題和計畫，那麼瑜伽無法為我們帶來良好的效果。

這是因為當念頭散亂時，內在的風息也會跟著混亂。瑜伽老師常常會告訴我們，在從事瑜伽時，自始至終都要觀察呼吸。觀察自己的呼吸，以及不斷地注視一個外在的點，例如指尖或牆壁上的一個污點，都能非常有效地將心穩穩地定住，持續地放在焦點上。

但坦白說，如果從頭到尾只觀察呼吸或牆壁上的一個點，可真的會有一點無聊。無可避免地，你的心會開始散亂。因此，要好好利用這個情況，讓心遊蕩到心裡的

那張核對清單上。

擬定核對清單，拉回散亂的心

這張核對清單是隨時讓瑜伽練習持續進步的一個方法。在做瑜伽練習時，要時時留意列舉在清單上的項目，它們將使你有所進步，並善用寶貴的時間。這個核對清單可包含一些非常重要的、從未改變的標準事項，以及在那段時間你所要處理的特定重點。

一份詳細的核對清單，可包括諸如「我是否按照瑜伽老師在前一堂瑜伽課所說的方式，來舒展肩膀？」等項目。一份標準的核對清單可列舉以下的項目：

（一）我是如何呼吸？是否先呼氣再吸氣？

（二）當緩慢而深長地呼氣時，我是否發出歎息的聲音？

（三）我的臉是否有放鬆，是否有微笑，是否有露出幸福快樂的表情？

（四）我的眼睛是否穩定地注視一個適當的點，然後平穩、流暢地將眼光移動到下一個點？

（五）我是否有延展身體，並思考我是否正在拉直內脈？

（六）最重要的是：我是否記得每次呼氣時，要把禮物送給那個特別的人？

剛開始在做每個瑜伽練習時，你無法一直牢記任何一個重點。起初，光是嘗試將一隻腳或手放在正確的位置，就耗費許多心力。事實上，學習瑜伽的頭幾個星期是最困難的，而初學者往往比有經驗者更加努力用功，因此你有充分的理由，為自己的努力感到驕傲，尤其在頭幾個星期裡，更是如此。

一旦你進展順利，就能開始在每節瑜伽期間，持續檢視心中的核對清單。你的心仍會散亂，尤其當在職場碰到困難，或面對類似的情境時，更是如此。但每次你察覺到分心時，要平靜、沉著地將心拉回，並帶著幽默感和愉快的心情去檢視核對清單。沒有人是完美的，從許多故事我們可以得知，甚至連古代印度和西藏的偉大瑜伽士都並非完美。因此，別讓自己過度嚴肅。

在每份核對清單上，最重要的項目是檢視自己是否在每個呼氣時，去協助那個特別的人。如果隨時記住這點，瑜伽練習將無疑地讓你事事如意，甚至獲得更多。

贈予「布施」，樂於付出

在「拜日式」這個特殊的瑜伽練習中，我們送出去的是「施予」的禮物。我們給予人慷慨付出的能力，不論他付出的是金錢、協助、愛，或能讓人的生命變得更美好的知識——了解五個層次，以及如何使用它們，以變得堅

強而平靜的知識。

經過一段時間後，你會發現，光是在每次呼氣時，想像自己能將「布施」這禮物送給另一個人，就能為自己的生活帶來深刻的影響。每次想像自己幫助另一個人變得更加慷慨，更樂意付出，就是在自己的心中種下有強大力量的種子。當這些種子成熟時，自己就變成一個更樂於付出的人。

這結果促使念頭及其所騎乘的內在風息能自由流動，產生重大的轉變，而使人愈來愈心滿意足和快樂喜悅。由於內在風息和呼吸之間的連繫，我們的呼吸開始變得更加深長、平靜，且能持續一整天。身體也因而變得強壯，那種強壯的方式，使你很快地發現自己幾乎不再生病，且整天精力充沛地去做想要做的事。

這種情況讓人感到更加快樂，於是五個層次之間的循環再次啟動，帶我們走向更高遠、美好的境界。無論你現在正在學習哪一種瑜伽，這是「西藏心瑜伽」扭轉乾坤的方式。

來自西方的仁慈

如果你無法善待他人，
至少不要傷害他們。
——當今的達賴喇嘛尊者

「西方伸展式」（Western Stretch，
梵文 Paschimottana Asana）是第五個瑜伽練習的起式。
它也是最重要的瑜伽練習之一，記載於
許多古代的印度典籍之中，其中包括十四世紀的
《日月瑜伽燈論》（*A Lamp for the Yoga of the Sun and Moon*）。
「西方」在此意指「背部」，因為在做瑜伽時，
面向東方是好的——東方是我們站在地球上時轉動的方向。
因此，它是種背部的伸展運動，
尤其是舒展沿著背脊行走的中脈的瑜伽運動。
「金剛輪式」（Diamond Wheel，藏文 Dorje Korlo）
是搭配「西方伸展式」的西藏瑜伽姿勢；
「金剛輪式」對心臟後方的背脊，具有最顯著的效果。
這個瑜伽姿勢以及其後的達賴喇嘛傳承的瑜伽練習的描述，
來自第一世達賴喇嘛的老師宗喀巴大師。

瑜伽練習（五）

西方伸展式、金剛輪式／贈予「仁慈」

◎所需時間：四分鐘。

◎在做完前一個瑜伽練習的最後一個呼吸之後，坐在瑜伽墊上做一個呼氣。如果需要的話，可再做一、兩次呼吸安頓自己。將雙腿伸直在前方。

◎將手掌分別置於身體兩側，向下壓以幫助自己坐直。

◎吸氣，然後輕聲地說：「我送給你『仁慈』」。

◎靜靜地坐著，同時做五個循環的呼氣、吸氣，送出你的氣息和光芒。

◎呼氣：開始做「西方伸展式」，將身體向前彎曲，雙手握住腳踝。當身體變得更靈活、有彈性時，嘗試以拇指和食指抓住大腳趾。（見頁74，圖一）

◎吸氣：握著腳踝或大腳趾，將身體向後彎曲，打開心臟。

◎呼氣：從心臟部位開始，將胸部向下貼近雙腿。

◎吸氣：維持這個姿勢，雙眼柔和地注視腳趾。

◎維持這個姿勢，同時做五個循環的呼氣、吸氣。

◎呼氣，然後坐直。

（圖一）西方伸展式

◎在下一個吸氣時，盤腿，維持舒適的坐姿。十指交纏地放
　在背後，手臂打直。

◎呼氣：現在開始做「金剛輪式」。上半身向左轉的同時，
　將十指纏握的手向右轉。頭盡可能地往左轉，眼睛注視越
　過左肩膀的位置。維持這個姿勢，直到做完五個循環的呼
　氣、吸氣。將注意力集中在轉動心臟後方的背部，而非頸
　部或下背部。（見頁75，圖二）

◎呼氣：轉回到原來的中心位置。做一次呼吸。

◎呼氣：上半身向右轉的同時，將十指纏握的手向左轉。頭
　盡可能地往右轉，眼睛注視越過右肩膀的位置。維持這個
　姿勢，直到做完五個循環的呼氣、吸氣。

◎呼氣：轉回到原來的中心位置。做一次呼吸。

◎吸氣：把十指交纏的雙手放在頭部上方，手臂打直，雙眼
　向上凝視。雙手向上伸展，拉長背脊。

◎呼氣：保持雙臂打直、身體拉長的姿勢，然後身體向左
　傾。維持這個姿勢，做五個循環的呼氣、吸氣。身體向左
　傾時，務必確定彎曲的是心
　臟的部位，而非頸部。下背
　部保持挺直。（見頁76，圖三）

◎呼一口氣，然後吸氣，直起
　身體，回復原來的姿勢。

◎呼氣：將背脊維持在拉直的
　狀態，然後身體向右傾。維
　持這個姿勢，做五個循環的

（圖二）金剛輪式：轉身

呼氣、吸氣。

◎呼一口氣,然後吸氣,身體回復原來的姿勢。

◎呼氣:十指交纏地放在背後,手臂打直,將心臟朝前方的地板貼近,背部保持平直。在此同時,手臂往天空的方向上舉。額頭和地板保持平行,如此一來,背脊從頭頂到尾椎骨就會呈一直線。維持這個姿勢,直到做完五個循環的呼氣、吸氣為止。(見頁77,圖四)

◎呼一口氣,然後吸氣,坐直。

◎呼氣:十指交纏地放在背後,雙手往後拉,直到心臟部位向上抬起,背部微微彎曲。頭稍微向後傾,雙眼凝視天空;維持這個姿勢,同時做五個循環的呼氣、吸氣。同樣地,注意力放在彎曲心臟的部位,而非頸部或下背部。
(見頁77,圖五)

◎呼氣,然後回復到坐姿。

「西方伸展式」與「金剛輪式」對身體的功效

在這個練習中的兩個瑜伽姿勢,對身體具有兩個層面的功效。

打開下背部內脈的結

將身體向前彎曲,貼近腿部的姿勢,是打開下背部內脈

(圖三)金剛輪式:傾身

的結的一種最佳方式。同樣地，這個部位的結，是許多人飽受下背部疼痛之擾的究竟原因。即便是在父親的精子和母親的卵子結合、生命形成的最初時刻，這個結就以極微小的形式出現在身體之中。

那時，和內在風息連結在一起的潛意識念頭，已開始在這個糾結處形成阻滯。我們背部裡的骨頭逐漸地在這個結的周圍形成，成為身體架構裡最脆弱、最容易受傷的部位之一。這個瑜伽練習有助於打開這個結，而且如果想要打開與其對應、位於心臟部位的結，我們就必須疏通這部位的結。

這是因為在身體內的結彼此有非常密切的關連，它們之間的關連，與五個層次之間的交互關係非常相似。正如同更加平穩、沉靜的呼吸，能使我們內在風息的流動更順暢一般，在身體內一個重要的結鬆開了，也會鬆解其他的結。放鬆位於下背部的結，等於把位於心臟的結解

（圖四）金剛輪式：彎身

（圖五）金剛輪式：拱身

開了一半。

打開位於心臟的結

然而，真正能對心臟發揮作用的，是將雙手的手指扣緊，置於背後這個姿勢。它自動開啟胸腔，而試著拉攏背部的肩胛骨，則加強了它的功效。當身體往左、右兩側轉動時，不但要轉動頸部和下背部，也要刻意地轉動心臟後方的背脊區域。

心臟後方的背脊區域是最難開啟的部位之一，因為胸腔後方的脊椎骨，不同於背部其他位置的脊椎骨。它們和肋骨相連，因為它們必須承負整個胸廓的重量，而胸廓能保護心臟，以及在胸腔內的其他重要器官。這樣的結果是，心臟後方背脊的移動性較低，而這區域的內脈也可能變得幾乎停滯不動。

將十指緊扣的雙手高舉過頭，然後向身體的左、右兩側彎曲，能伸展這無法移動的區域。同樣地，在做這動作時，試著彎曲心臟後方的背脊，而非頸部或下背部。你能側彎到何種程度，這問題並不重要；重要的是，要去感覺自己彎曲的是心臟後方的脊柱。

在這個動作之後，再次地彎身向前，貼近腿部。盡可能

宗喀巴大師——第一世達賴喇嘛的老師

地伸展拉長整個背部，同時將胸膛向前推。這些動作的目標，並非將頭碰觸地面，如果是以這種方式來推移身體，就可能無法放鬆下背部的結，反而會使它變得更緊。將身體漸漸地向下彎，背部維持平直，並將心臟挺起向前推。

在一開始，當彎身向前時，腹部會造成一些阻礙。但持續做這個練習幾星期後，內脈受到刺激，開始會排出腹部多餘的脂肪。這讓你更加苗條、輕盈，且一整天下來，感覺更加自在、舒適。這樣的結果，讓你感到更加快樂，進而影響內在的風息，如此一來，你又啟動了人生中另一個向上攀升的循環。

在這個瑜伽練習的末尾，有個身體向後彎曲的動作。同樣地，在做這動作時，要留意彎曲的是心臟正後方、僵硬且不靈活的背脊，而不是頸部或下背部。你也要記得，時時檢視心中那張核對清單。在做每個呼吸時，是否先飽滿而穩定地呼一口氣？我的眼睛是否注視在一個點上？今天上班時，那位女士為何對我大吼大叫？喔！分心了，趕快回到核對清單上。連同含有玫瑰香氣的呼吸和鑽石的光芒，我正在把什麼禮物送給那位特別的朋友呢？

贈予「仁慈」，不傷害他人

在這個瑜伽練習中，我們所致贈的禮物是「仁慈」，或從更基本的層次來說，就是「不要傷害他人」。這所有的一切，全都回歸至第五個創造世界種子的層次。如同達賴喇嘛常說的，每位偉大的宗教導師都曾努力地說服我們別去傷害他人。如果不了解箇中原因，我們的瑜伽練習就絕對無法產生助益。

假設我們惱怒某個人，並說一些讓他感到傷心難過的話。即使說那些傷人的話只花幾秒鐘，但在這段時間內，我們張開耳朵並聽到自己說：「我們聽到自己正在傷害另一個人，我們看到他們臉上的表情。」

這些行為全都被我們心的攝影機，二十四小時開機地記錄了下來。它以分割的影像，記錄那人的臉垮下來的整個過程，甚至在我們未說完之前，就已拍攝了數十個畫面。每個畫面都儲存在我們的心裡，且在心裡滋長，如同春天土壤下的一粒種子。

這顆種子遲早會在念頭中成熟，並影響我們看待周遭所有人、事、物

的方式。因此，在上完一堂瑜伽課之後，我們的脖子不會感到輕巧、靈活，反而會覺得痠痛。因此，如果真的希望瑜伽能對自己發揮效用，那麼我們在和其他人互動之際，就必須擁有達賴喇嘛所說的「明智的利己」（enlightened self-interest）。我們不能做出任何可能會傷害他人的言行，甚至不能生起絲毫可能會傷害他人的念頭，因為我們心中的錄影機會錄下一切，然後於日後在我們面前播放。

西藏心瑜伽

安忍之王

即使是一刹那的瞋恨，
也會摧毀多年來對他人所行的慈善。
——寂天大師，第八世紀

在古代的印度，這個瑜伽練習的第一個部分
稱為「帝王魚式」（King of Fishes Pose，
梵文 Matsyendra Asana）。
瑪茲揚德拉（Matsyendra）是一千多年前
一位偉大的印度大師的名字。
他和弟子葛拉沙・那達（Goraksha Natha）
所教授的瑜伽，對達賴喇嘛的瑜伽傳承
具有強烈的影響。這練習的第二個部分，
或許是西藏瑜伽傳統中最具特色的姿勢之一；
它稱為「鉤式」（the Hook，藏文 Chakkyu）。

瑜伽練習（六）

帝王魚式、鉤式／贈予「安忍」

◎所需時間：四分鐘。

◎坐直，雙腳伸直在前方。

◎吸氣，然後輕聲地說：「我送給你『耐心』」。

◎靜止不動地坐著，直到做完五個循環的呼氣、吸氣，並散
　放（鑽石的）光芒和（玫瑰的）氣息。

◎呼氣：開始做「帝王魚式」，彎曲左膝，左腳放在右膝外
　側。接著彎曲右膝，並將右腳的外側緊貼墊面，右腳置於
　左臀旁。

◎吸氣：右手肘置於左膝外側，右手向下伸，握住左腳。

◎呼氣：轉動身體，雙眼注視左肩後方，左手繞過背部，盡
　可能地放在靠近右大腿的位置。維持這個姿勢，做完五個
　循環的呼氣、吸氣。在轉動身體時，注意要轉動心臟後方
　的部位，而非頸部或下背部。（見頁85，圖一）

◎呼氣：身體轉回到原來的姿勢，面向前方，吸一口氣。

◎重複上述的動作，但這次是從彎曲右膝開始。

◎做完之後，雙腿再次地伸直在前方。坐著，背部打直，然
　後呼氣。

◎吸氣：現在開始做「鉤式」，十指交纏地放在心臟前方，
　雙手手肘向外彎。

◎呼氣：交握的雙手迅速地用力向前伸直，維持這個姿勢，
　　吸一口氣，伸展背脊。（見頁86，圖二）

◎呼氣：身體向左轉，雙臂盡可能地向左轉，但不要彎曲手
　　臂。轉動頭部，雙眼注視雙手。維持這個姿勢，直到做完
　　三個循環的呼氣、吸氣為止。同樣地，在轉動身體時，注
　　意要轉動心臟後方的背部。（見頁86，圖三）

◎呼氣：彎曲左臂，左手肘靠著身體左側，眼光盡可能地越
　　過肩膀後方。維持這個姿勢，再做三個循環的呼氣、吸
　　氣。（見頁87，圖四）

◎呼氣：回到原來的姿勢，面向前方。重複「鉤式」，但這
　　次是將身體向右轉。

「帝王魚式」與「鉤式」對身體的功效

同樣地，這個瑜伽練習所引發的作用，可以影響到兩個
層面。

鬆弛臀部的結

第一，它能鬆弛位於臀部的
一個特殊的結，進而促進性
能力和消化能力。這個結合
了兩種瑜伽姿勢的練習之所
以引人興趣，是因為阻滯在
胃部和腸道內的氣體，因為

（圖一）帝王魚式

內在風息的流動增加而獲得疏通釋放。因此，當做轉身動作時，如果發現自己打嗝或排氣，不要感到驚訝，這是個良好的徵兆。

轉身的動作也能緊實腹部的肌肉，使腹部平坦，並去除腰際多餘的脂肪。

當做完「帝王魚式」，接著做「鉤式」時，瑜伽放鬆的作用往上移至上背部心臟，以及頸部和肩膀的重要部位。在頸項基部靠近脊椎之處，是另一個重要的結，這也是頸部僵硬的根源。當這個結鬆開之後，它的作用反射至位於心臟的結——即「西藏心瑜伽」的主要目標。

當轉動身體時，留意目光，將重點放在心裡的那張核對清單上。眼睛要刻意且盡可能地看向身體轉動的方向，可紓解眼睛的緊繃和疲勞；你將逐漸地發現，這動作能

（圖二）鉤式：預備動作

（圖三）鉤式：雙臂打直地轉動身體

改善一整天的視力。

讓內在的風息順暢

你也要記住，第二個層次的呼吸方式，為瑜伽練習和內
在風息之間提供了一座橋樑，因此這所有的好處和利益
都會出現。只轉動上半身，且盡可能地轉向側邊，同時
從容自在地呼吸，這是很重要的。當維持轉身的姿勢
時，保持呼吸順暢。每次吸氣時，刻意地拉直脊椎，讓
它更直、更長。

如果在一天中長時間坐在辦公桌或電腦前，那麼你可以
好好利用第一、第二和第三個層次之間的相互關連。當
長時間坐著，沒有站起來或舒展筋骨，在臀部後方的結
就易受到壓迫。這時，內在的風息開始壅塞阻滯，你會
注意到呼吸變得淺薄而不順暢。當總算起身時，背已痠
痛了。這個瑜伽練習有
助於鬆解這個結，讓臀
部重新獲得呼吸，並恢
復原有的彈性。

在整體健康之中，臀部
所扮演的角色被低估
了。當你定期從事瑜伽
練習時，臀部會開始舒

（圖四）鉤式：手肘彎曲地轉動身體

展，你將會發現諸如步行或靜坐等簡單活動都是一種樂趣。位於臀部的結正在開啟，對著位於心臟的結歡唱。

贈予「安忍」，擁有平靜、沉著

在內在風息之下的念頭，也更加自由順暢地流動，首先是因為念頭連結在流動更順暢的風息之上。然而，將禮物致贈給那個特別的人，也從內部對這些風息起了作用。這次，我們要致贈的禮物是「安忍」。它是當你在一天之中的特定時刻，真的被某件事弄得七竅生煙、怒火中燒時，還能不生氣的力量。

第一世達賴喇嘛的老師說，你能送出去的安忍有兩種。第一種是對難以相處的人所持有的安忍：你在職場的上司是個很好的例子；第二種是不因某些事件和情況而煩躁生氣，例如頭痛、交通阻塞或惡劣的天候。

其中的訣竅是，在瞋恨生起的最初階段，當你開始感到稍微有點失衡或惱怒時，及時覺察自己。在稍微失衡或惱怒充分發展成瞋恨時——它可以在一、兩分鐘之內形成，要克制自己通常為時已晚。一剎那的瞋恨，能摧毀經年累月的仁慈和友誼所建立的所有善行。

順便一提的是，如果事先知道某天或某個星期會面對一些棘手的情況，那麼你可以

帝王魚——本生經故事「慈悲福德雨」

運用一個小小的訣竅。或許在那天早晨稍晚，將要去和
職場中的某個人開會，而他常讓你惱火。在關於「施與
受」的古籍中指出，你可以先將玫瑰的香氣和鑽石的光
芒——安忍，送給未來的自己。

這麼做的效果相當驚人，有時可以試一試。當會議正在
進行，那個人開始找碴時，你會突然發現自己擁有無限
的耐心——平靜、沉著，以及滿臉的微笑。你甚至可能
不會記得它從何而來。

瑜伽練習（七）

喜樂的弓箭

當我說，你應該努力工作時，
我真正的意思是，你應該享受為他人行善。
——寂天大師，第八世紀

我們依照傳統的順序來做這些瑜伽練習，
其中有個邏輯：某些關節最好在其他
關節放鬆之後再放鬆，一旦其他的
結鬆開之後，某些結就比較容易開啟。
現在已充分地暖身了，可直接針對心臟做瑜伽練習。
這個充分向後彎曲背脊的著名瑜伽姿勢
稱為「長弓式」（the Longbow，梵文 Dhanur Asana）。
搭配「長弓式」的西藏瑜伽姿勢稱為「箭式」
（the Arrow，藏文 Datar Sang），
這提供一個相對於「長弓式」的相反姿勢。
「箭式」將我們回歸到中心，預防這練習之後
所產生的痠痛，它也融合了稱為「獅式」
（the Lion，梵文 Sinha Asana）的古代印度瑜伽姿勢，
是去除緊張和疲勞的秘密武器。

瑜伽練習（七）

長弓式、箭式、獅式／贈予「喜悅」

◎所需時間：三分鐘。

◎坐直，然後輕聲地說：「我送給你『喜悅』」。

◎靜靜地坐著，同時做五個循環的呼氣、吸氣，並送出光芒和氣息。

◎呼氣：開始做「長弓式」，身體慢慢往後躺，然後轉身，平趴在墊面上。接著吸一口氣。

◎呼氣：彎曲雙腿，然後雙手往後抓住腳踝。

◎吸氣：雙臂將雙腿往前拉，同時雙腿將雙臂往後拉，抬起胸腔，大腿離開瑜伽墊。維持這個姿勢，直到做完五個循環的呼氣、吸氣為止。（見頁92，圖一）

◎呼氣：雙手放開腳踝，平趴在墊面上，呼吸一、兩次之後，再重複「長弓式」。

◎吸氣：開始做「箭式」，把身體抬起到膝蓋的位置①，兩膝之間保持兩英吋的距離，但兩腳要碰觸在一起。屈曲雙腳，如此一來，腳趾可平貼在墊面上，以膝蓋和腳趾保持身體的平衡，接著輕輕地坐在腳跟上。如果有需要的話，可以呼一口氣再吸一口氣，讓自己安頓下來。

（圖一）長弓式

◎呼氣：雙手放在兩膝間的墊面上，手指朝向前方。將上背部的背脊向後彎，心臟向前推，抬起頭部，雙眼凝視天空。張開嘴巴，下巴往下，伸展面部的肌肉。維持這個姿勢，以鼻子做完五個循環的呼氣、吸氣。（見頁93，圖二）

◎呼氣：低頭，背部圓圓拱起，雙手往墊面用力推，藉此舒展心臟。維持這個姿勢，直到做完五個循環的呼氣、吸氣為止，但這次在每個呼氣時，以嘴巴用力呼氣，且輕輕地發出「哈」的聲音。（見頁93，圖三）

◎呼氣：坐起來，回復到坐姿。

「長弓式」開啟胸膛和心臟

在日常生活中，我們鮮少有理由向後彎曲背部。如果你往上觀看著天空中的一架飛機，看著它從頭頂上方飛過，就會做出這個背部向後彎曲的動作。而年齡和生活的壓力，則逐漸地使背部的骨頭朝另一個方向彎曲，直

（圖二）箭式：拱身

（圖三）箭式：彎身

到背駝、腰彎、胸膛佝僂凹陷了為止，這就像蚌殼一樣關閉了我們的心臟。「西藏心瑜伽」的第七個瑜伽練習，能將這過程逆轉過來。

當你試著將背部往後開啟時，要非常緩慢，且從容不迫。要駝背需要經年累月的時間，而再次拉直背脊，也需要溫和而穩定地練習一段時間。

剛開始，你可能需要在臀部底下塞一些墊子，或一條折疊好的毯子也可以。男士們尤其可能需要多做一、兩個呼吸，來將褲子裡的「寶貝」安排妥當。不過話說回來，感覺到性器官抵著下腹部的壓力，其實是件好事，事實上，它有助於平坦腹部，並刺激腺體的活動力。

同樣地，將焦點放在開啟胸膛和心臟。將肩膀往後推，並彎曲心臟後方的部位。有時你會誇張且刻意地往後仰頭，或將重點放在彎曲下背部，但這些作法並不會對心臟部位的重要的結起大作用。你要感覺胸膛的肌膚在延展，尤其在做「長弓式」時，要將這重點列入核對清單之中。

「箭式」舒展背部

夏瓦瑞──古印度大成就者

當在做「箭式」時，首先要留意腳尖、腳背和小腿的伸展。在經過一整天的站立之

後，這動作會讓你感到耳目一新，精神為之一振。

腳跟和小腿的肌肉也一路連結到上背部和肩膀，因此當做完「箭式」後，會覺得背部彷彿剛剛被好好地揉過一般舒服。

「獅式」放鬆前額的結

在做這個瑜伽練習時張開嘴巴，即是「獅式」。將嘴巴愈張愈開，直到感覺兩條平行的肌膚，在鼻子和嘴巴兩側上下延展。持續延展，直到做完五個循環的呼氣、吸氣為止。

沿著中脈行走的兩條側脈，持續上行到頸背和頭頂，然後下行至前額。這兩條側脈在眉心處纏繞中脈，形成一個微小卻棘手的結。當試著要專心，或因某件事情而心煩意亂時，你會蹙眉擠壓額頭下方中央的部位，那微小的結就位在這裡。因此，這個結就纏得更緊了。所以，頭痛時，才會常常先從額頭開始發作。

事實上，在做「獅式」延展嘴巴兩側的肌膚時，會用力拉扯下行至鼻孔附近的兩條側脈的末端。這樣做會放鬆位於前額的結，並舒緩一整天積聚在那裡的緊張壓力。

關於鬆弛側脈的兩個末端，

有些非常重要的事我們必須知道。要鬆弛這末端、舒展前額的結，一個強而有力的方法就是——開懷而真誠的笑容。這是真的，不是在開玩笑，這也是展開笑顏讓人感覺如此美好的原因之一。

在「箭式」的末尾，將背部圓圓地拱起，可平衡所有背部向後彎曲的動作。聳起肩膀，並感覺上背部一條帶狀肌膚的延展。你會聽到輕微的劈啪聲響，接著頸部和肩膀的緊繃獲得釋放，感到愉悅而舒適。

鬆開內在的結

在做瑜伽練習時，身體發出諸如劈啪的輕微聲響，是個良好的徵兆：這表示內在的風息，在某個細小的結鬆開的一瞬間噴發出來。當瑜伽練習有所進步時，將愈來愈少聽到劈啪聲響，因為內脈開始開啟，並維持在敞開的狀態。

這帶我們進入瑜伽的重要部分，而這部分常被人忽略。在瑜伽練習的功能的第一個身體層次，是在促進內在風息於各種細微的脈中流動，這原本就是瑜伽所意欲達成的目標。

想像你的內脈如同花園中有扭結的小水管，由於有扭

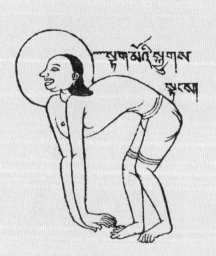

結，因此水無法流出來。你或許並未注意到水管上的扭結，因此轉動水龍頭，且開得很大。而這樣做可能會使水管爆裂。

當你在做一些激烈的瑜伽時，可能會發生同樣的情況。激烈的瑜伽會傳送出愈來愈多的內在風息，急速通過內脈。如果你並未花相等的工夫來鬆解內脈中的結，那麼將會面對一些出乎意料的結果。隨著瑜伽愈做愈多，這些出乎預期的後果也包羅萬象，其範圍可以從肌肉拉傷，到產生煩躁感或爭強好勝。

贈予「喜悅」，樂於助人

每個學習瑜伽的學生都必須努力避免這個問題，因為它會使我們在瑜伽課堂上所做的努力都付諸流水。鬆開這些結的最佳方式，即是在做瑜伽練習時非常認真地修持「施與受」。專注於呼氣，尤其是在做「箭式」的末尾，當迅速地從嘴巴呼氣，並發出「哈」的聲音時，更要如此。在呼氣的同時，要送出「喜悅的精進」這個禮物。

你知道，當自己為了正在努力進行的某件事而感到興奮雀躍時，所擁有的美好感受——創意源源不絕，空氣中有種興奮的氣息。你全心全意地投入這項工作，甚至廢寢忘食。

在這個瑜伽練習之中，我們連同玫瑰的氣息和鑽石的光

芒所贈送出去的事物，即是從事人生中最令人感到雀躍的事——幫助他人時，所產生的同一種令人感到喜悅的興奮之情。想像你致贈禮物的對象，在突然之間受到鼓舞啟發，成為周遭每個人的德蕾莎修女。

在你的家中或辦公室裡，隨時助人一臂之力：每天付出你的仁慈，如同分送聖誕節的禮物一般。脈中的結將無法抗拒你所種下的喜悅，你的瑜伽所激起的內在風息，將如此無拘無束地流動。

【譯註】

① 有點像跪姿，但雙手置於地面。

瑜伽練習（八）

與天空一起靜止

當我們看見一頭牛時，
我們其實是在看「不是」那頭牛的每件事物。
——法稱大師（Dharma Kirti），第七世紀

　　　　　　　　瑜伽練習的最終目標，不只是要讓內在風息的流動
更加自由順暢，也要使特定的內在風息朝不同的方向流動。
這樣做對思惟方式具有深遠的影響，使我們對周遭的
每件事產生全新的見解。在最後兩個瑜伽練習之中，
我們將對此多所著墨，而對周遭事物產生全新見解的過程，
則從這個瑜伽練習的肉體層次開始——
將雙腳高舉過頭，朝向天空。
這個標準的印度瑜伽姿勢稱為「全身式」
（或「肩立式」，the Pose for All the Body，梵文 Sarvanga Asana），
因為它針對整個身體——尤其是針對上下縱貫身體的中心部位。
這姿勢也會放鬆並開啟頸部的骨頭，紓解此處內脈中的結。
搭配「全身式」的西藏瑜伽姿勢稱為「布娃娃式」
（the Rag Doll，藏文 Kekap Chak），是相反於「全身式」的姿勢，
以平衡先前頸部的伸展。「布娃娃式」源自西藏
較古老的傳承。此處的重點是，放下頸部和心臟的所有緊張，
讓肩膀、頸項和上背部像布娃娃一般鬆軟下垂。

瑜伽練習（八）

全身式、布娃娃式／贈予「寂靜」

◎所需時間：三分鐘。

◎同樣採取一個舒適的坐姿。

◎吸氣，並說：「我送給你『寂靜』」。

◎靜靜地坐著，做完五個循環的呼氣、吸氣，並送出光芒和
　氣息。

◎呼氣：開始做「全身式」，呼氣，平躺在瑜伽墊上，雙腿
　伸直。

◎吸氣：雙腿朝頭部後方的地面方向彎曲，要越過頭部，並
　且併攏。雙手十指交握，肩胛骨彼此靠攏。接著彎曲手
　肘，把手掌放在上背部兩側，手指朝著天空的方向。試著
　盡可能地靠攏手肘，然後呼氣。

◎吸氣：將背部靠在雙手上，高舉雙腿，直到雙腿盡可能地
和地面呈垂直為止。務必確定
雙腳在髖部的正上方，身體大
部分的重量放在肩膀上，而非
頸部。雙眼凝視鼻子前方。（見
頁 100，圖一）

◎維持這個姿勢，直到做完十
五個循環的呼氣、吸氣為止。
日後，當習慣這個姿勢之後，

（圖一）全身式

可以將呼氣、吸氣的次數增加到二十五個循環。

◎呼氣：雙腿慢慢地朝頭部後方的地面放下，可以伸直地把
　腳趾緊壓地面，或將膝蓋彎曲在耳際。維持這個姿勢，做
　完五個循環的呼氣、吸氣。

◎呼氣：彎曲膝蓋，然後慢慢地滾回平躺的姿勢。吸氣。

◎做五個緩慢的呼吸，然後在瑜伽墊上做站立的姿勢。

◎開始做「布娃娃式」，兩腳併攏站立，雙手十指交握地放
　在背後，手臂打直。充實而飽滿地呼氣。

◎吸氣：從心臟的部位向後彎曲，肩胛骨彼此靠攏，下背部
　保持挺直。頭部向後仰，雙眼向上凝視。雙臂往地面的方
　向向下拉扯，以達到更深層的伸展。（見頁101，圖二）

◎維持這個姿勢，做完五個循環的呼氣、吸氣。

◎回到原來的坐姿。

「全身式」感受寧靜和平衡感

就肉體的層次而言，心臟持
續不斷地輸送血液至數英哩
長的血管之中。每次心跳都
歸因於內在風息的流動，心
臟的形狀反映了在同一個位
置內脈的結構。

將近一整天的時間，頭部在

（圖二）布娃娃式

心臟的上方，而心臟必須更加費力地把血液往上輸送。每當我們躺下來，使頭部和心臟保持在同一水平上時，心臟欣然地從和地心引力的奮戰中休息片刻。當頭部放在低於心臟的位置時，腦部會獲得比平常更豐盛的食物供給。

在「西藏心瑜伽」裡，有幾個瑜伽練習都將頭部放在低於心臟的位置。剛開始，我們會對這種姿勢感到陌生，甚至有點不自在。但經過數星期之後，你會注意到有些事正在發生。如果你是那種在一天當中，大多數時間都飽受鼻塞或流鼻水之苦的人，或有鼻竇方面的困擾——甚至花粉症或氣喘，那麼很快就會發現，比起所有的藥丸和噴劑，這些瑜伽練習是解決這些毛病既經濟實惠，又效果長久的替代方法。

身體中有痰，純粹是因為地心引力使黏液積存於鼻竇底部的囊袋之中，當做頭部在下的瑜伽姿勢時，積聚在體內的液體被釋放出來。當瑜伽練習結束時，呼吸就會在不知不覺中暢通了。

當「全身式」做得正確時，你會感受到寧靜感和平衡感——有時你幾乎感覺自己彷彿在飛翔。這個姿勢要做得正確，需要一些練習。再者，由於這姿勢會開啟頸項，因此只有在合格的瑜伽老師的指導下，才可開始做。但如果你持之以恆地做這個瑜伽練習，幾星期後，脖子將

會比過去許多年感覺舒服許多。

「布娃娃式」平衡頸部

頸部向前彎後再向後彎，可達到平衡的效果，這也是重要的。同樣地，這麼做可預防痠痛。在「西藏心瑜伽」中，這是做完「全身式」後，繼續做「布娃娃式」的原因。在從坐姿起身站立之前，務必先做幾次呼吸；心臟需要重新適應調整，把血液向上輸送至頭部。如果不給心臟一點時間，你可能會感到頭暈目眩。

平衡的動作能讓我們更加察覺到無形的中脈，把這項列入你的核對清單，試著去「感覺」它，也就是一種「中心感」。繼續如往常般呼吸，強調深長而穩定、發出心滿意足嘆息聲的呼氣。在這個練習和所有動態的瑜伽練習中，雙眼都是張開的，且凝視書中所建議的單一焦點。

贈予「寂靜」，播下寂靜的種子

事實上，在這個瑜伽練習之中，當呼氣時，我們要送給那個特別的人的禮物是「集中注意力」。集中注意力的一種形式，就是專注，當職業棒球選手注視著一顆快速球接近本壘板時，我們可以

在他的眼中看到這種特別的專注；也或許是商場女強人透過行動電話，進行一場嚴酷的談判協商時，所露出的表情和眼神。

排除使人分心的事物

在更深的層次，專注轉變成禪定——一心專注於一境的寧靜。它和你渾然忘我地沉醉在一本好書，甚或一場非常引人入勝的電影之中的全神貫注的感受，其實並無太大的差別。所有這些形式的專注，都有一個共同點：排除周遭所有其他事物，只專注於一件事上。如同古代大師所說的，當我們在看一件事物時，其實我們是在看整個世界中「不是」那件事物的每一件事物。然而，這和瑜伽有什麼關係？

從非常基本的層面來看，它意味著，如果在一個房間中，要排除的物件比較少，那麼我們就比較能專注在瑜伽練習之上。這表示做瑜伽的地方應整齊清潔，所以要收拾或丟棄房裡一切不必要的，以及可能會吸引你的目光而使你分心的物品。

但如果希望獲得在此所說的，要送給他人的「專注」，那麼「整潔」的範疇就必須更寬廣。那是因為我們的心

密勒日巴（1040-1123）——西藏最偉大的禪修者

如同電腦，只有一定的儲存容量，用完就沒有了。如果我問你，你有多少雙鞋子，或家中有多少個小擺飾，你的心就會立即開始回想每件物品的樣子。

這證明我們的心有多散亂：一雙從未穿過的、老舊的網球鞋，佔去了心中的寶貴空間。如果這個座位被佔據了，而我們又有個精彩的構想需要有個位子坐下時，就可能會失去了這個構想。

相同的道理也能運用於我們的人際關係，以及所閱讀的書籍、所選聽的新聞報導之中。心的容量並非無限的，當心和一百件事物建立一個非常膚淺的關係時，將使我們無法深入其中一、兩件事物。當能深入時，內在的風息便產生了變化，它的流動開始平靜下來，同時也爽俐起來。

以寂靜為食

這對第一個層次會產生立即的效果，因為對身體來說，持續不斷的內在寧靜比三頓豐盛的佳餚要營養多了。古代印度和西藏的一些瑜伽大師，他們超越了飲食、呼吸的需求，僅僅依靠寂靜過活。

我們無須講得那麼遠，但你已了解其中的重點了。如果希望瑜伽能發揮作用，使自己強壯而苗條，那麼就需要寧靜的專注，一如我們需要食物。因此，我們將「寂靜」

送給另一個人，而這也是擁有寂靜的最佳方式，因為已播下了寂靜的種子。

瑜伽練習（九）

未知的
死亡

我們必須成為園丁。
——帕坦佳利大師之《瑜伽經》，第三世紀
(*The Yoga Sutra* of Master Patanjali, 3rd Centery)

六百多年前所寫下關於瑜伽的偈頌，
建議我們在做完一節瑜伽後，要靜靜地躺下來，
藉此「平靜身體，清新心靈」。典型的瑜伽
休息姿勢稱為「死屍式」（Dead Man's Pose，
梵文 Shava Asana），如死屍般
文風不動地躺著，是身體所要達成的目標。
在心靈上，我們不斷地施予，不斷地
從內部著手。在這個練習的末尾，
我們要做個簡短的瑜伽姿勢。
它源自達賴喇嘛的傳承，稱為「搖動暨伸展式」
（Shake & Stretch，藏文 Trukdreng）。
繼這個瑜伽姿勢之後，我們
安安靜靜地享受在瑜伽練習中所努力從事的善行。

瑜伽練習（九）

死屍式／贈予「智慧」

◎所需時間：四分鐘。

◎開始做「死屍式」：躺在瑜伽墊上，手臂和雙腿舒適地攤放在兩側。雙手掌心朝上，放鬆手指。伸直頸部，頭部盡量遠離身體其他部分，然後放鬆身體，閉上雙眼。如果喜歡的話，可用毯子蓋住自己。（見頁108，圖一）

◎慢慢地呼吸，並感覺全身的重量沉入地板。尋找在身體內的任何緊張壓力，然後放下它——想像它融入地面。心專注在這過程上，大約兩分鐘。

（圖一）
死屍式

（圖二）
搖動暨伸展式：甩手

◎接著，安靜且放鬆地躺著，吸一口氣，並說：「我送給你『智慧』」。

◎如此靜止不動兩分鐘，送出氣息和光芒。

◎接著做「搖動暨伸展式」。慢慢地移動雙手和雙腳，伸展和搖動它們。在地板上，左右轉動頭部。（見頁108，圖二）

◎以左手抓住右手的手指，然後輕輕地、逐一地拉扯每根手指的關節。做完之後換手，以右手拉扯左手手指的關節。（見頁109，圖三）

◎以拇指分別揉捏左右兩手的手掌和手指。（見頁109，圖四）

◎絞擰雙手，彷彿你在洗手一般。

◎現在，身體慢慢地轉到側邊，雙手撐起，採取坐姿。

◎靜坐片刻。回想從心間的玫瑰和鑽石放送出去的六種禮物，並為自己努力讓另一個人幸福而感到快樂。

◎最後一次凝視在你心中和他們心中的鑽石之間，那道由淡藍色的光所築成的橋樑。只要一剎那，於一剎那間想像在

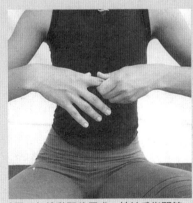

（圖三）搖動暨伸展式：拉扯手指關節

（圖四）搖動暨伸展式：捏揉雙手

你的心，以及整個宇宙中每座星球上的一切眾生的心之間，有無數座的光橋。

放鬆身體的每個部位

在瑜伽墊上做最後一個瑜伽練習時，我們只要努力去放鬆身體的每個部分即可。

這是你應得的休息，但你會發現平常習慣緊繃的部位，又開始緊繃起來。將它列入核對清單，時時保持警覺，尋找仍然需要放鬆的部位。

幫助內在風息更加順暢

在做這個瑜伽練習時，第二個層次的呼吸應有所改變。到目前為止，放鬆喉嚨的部位幫助你發出嘆息聲，但在呼氣和吸氣時，仍要讓空氣掠過喉嚨中的同一個部位。這麼做能幫助內在風息於頸背的三條主脈內，更加自由順暢地流動。現在，試著去做深長且非常安靜的呼吸。

花一些時間去思考所有的五個層次，你甚至可以想像自己向下墜落，穿過每個層次，深入身體。要留意去放鬆身體，使呼吸平靜。隨著寧靜的呼吸向下進入內在的風息，看看是否能感受到內在的風息，別尋找諸如電風扇吹出的風通過吸管的感覺。當內在風息歡唱著通過內脈時，那感覺比較像安安靜靜地坐在森林茂密的山腰，或

於夜晚坐在海邊所體驗到的滿足。

贈予「智慧」，改變看待事物的方式

現在，向下進入念頭，此時他們正騎乘在溫柔而嶄新的
風息之上。想想最後的禮物：「智慧」——了知重要的
事物，了知生命中更深刻的事物的能力。

當然，智慧有許多種，如同冰淇淋有許多口味一般，在
此所談的是一種非常特定的智慧。

無論達賴喇嘛身在何處，無論說了什麼，他總是一再地
重複一件事。除了在地球上的人之間的所有差異外，在
某一方面，人人都是相同的。我們都希望事事順心如
意，沒有人希望人生出現任何難題或困境。然而，它們
確實降臨在自己身上，我們根本無法長久地避免。了解
這些問題的真正來源，以及如何終止這些問題的，即是
智慧。

到目前為止，在所有「西藏心瑜伽」的練習中，我們一
直努力藉由生起善念，在心中播下新的善種子。如果以
這種方法來做瑜伽——充滿耐心地、快樂地、日復一日
地，那麼你心中的良善種子
會愈來愈多。

記住，根據古代印度和西藏

龍樹菩薩（第三世紀）——古印度偉大
的智慧大師

大師最偉大的智慧，這些種子在心中成熟，影響我們看待周遭每件事物，以及看待自己的方法。如果一直善待、體貼他人，那麼這些種子日後將在我們身上成熟。這些種子將影響我們看待世界的方式，例如，你或許會發現天氣愈來愈宜人。種子也會影響我們看待其他人的方式，你將發現這一天當中，惱怒你的人愈來愈少。種子甚至影響我們看待自己的方式，瑜伽開始發揮影響力──你感覺自己更強壯、年輕，且比以前更加快樂。

瑜伽練習（十）

全天瑜伽

芭蕾舞伶，
當你站在公車站牌前時，
安安靜靜地練習腳部的轉動。

——喬治‧巴朗慶（George Balanchine，1904-1983），二十世紀最偉大的芭蕾舞大師

因此，每天三十分鐘的「心瑜伽」，
在心中種下無數個美好的世界種子。
如果我們讓其餘的二十三個小時又三十分鐘
像以往那般度過，那麼不難想見，
當和其他人互動時，將會和過去一般
不可避免地種下混雜善與惡的種子。於是，
我們的日子將持續充滿不可預測的高低起伏，也無法根除
一切會破壞我們人生的問題，
因此而有「全天瑜伽」的構想，
西藏稱之為「卻朗內久」（Chulam Neljor）。
針對「全天瑜伽」的最精彩描述，有部分記載於
法賢（Quicksilver Dharma Bhadra，1772－1851）大師的著作之中，
以及德謙寧波（Dechen Nyingpo，1878－1941）的
作品之中。德謙寧波是當今達賴喇嘛尊者的老師。

瑜伽練習（十）

「全天瑜伽」應用於五個層次

從事「全天瑜伽」的方法是回到五個層次中的一個層次，即使在一天之中當你偶然想到它時；無論當時你是在家中、工作場所，或在這兩地途中，都可以做「全天瑜伽」。你做一點點的瑜伽，然後繼續一天的行程。且讓我們看看「全天瑜伽」如何應用於五個層次。

對身體而言，「全天瑜伽」最重要的形式就是坐直，一整天都要坐直，不論當時你在做什麼。別以為這聽起來稀鬆平常，在古代的西藏，整天維持挺直的坐姿，被認為是最重要的瑜伽修持。如果我們希望自己健康強壯，那麼在一整天當中，盡可能讓中脈維持挺直，沒有任何扭結是必要的。如果背脊下陷，中脈就會跟著萎靡。

在一天之中，避免肩膀縮緊，也是重要的。肩膀縮緊是對生活壓力的自然反應，到時肩膀就會開始維持在縮緊的姿勢。這姿勢束緊位於心臟後方的結，阻滯了內在的風息，抑制我們真心去愛周遭所有人的能力。

當你更加鑽研深入瑜伽之後，將開始體驗到所謂的「內閘」（inner locks）。這些

法賢大師

是刻意導引內在風息的流動方向，突破脈中之結的方法。現在，你可以開始在一天之中，試著鬆解其中一個結。同樣地，記住當行走、站立或坐下時，都要收縮腹部。

經過一段時間之後，你會感覺到微微繃緊的腹部下方深處，有些特殊而細微的肌肉，創造出一個內在寧靜的處所，這處所對內在風息產生非常美妙的影響。現在，在一天之中，每當你想到時，只要非常輕柔且溫和地收縮腹部即可。這麼做也不會傷害腰部；附帶一提的是，如果你挺直背部，肩膀微微向後拉，向世界敞開胸膛和心臟，做起來就更加輕而易舉了。

不要忘了把嘴角上揚，藉此來疏通兩條側脈。微笑，盡可能地微笑，每分鐘都微笑。

接著是下一個層次——呼吸。在你的工作天，持續飽滿而緩慢地呼氣。此舉能解決每件事，並預防急促、幾近氣喘的呼吸。當在辦公室或家中，稍微感到壓力時，常常出現這種呼吸。

這可以幫助避免下一個層次——內在風息的任何騷動。這些騷動是引起大多數與工作相關的疾病的原因，例如潰瘍、心臟病，以及長時間使用電腦所產生的疾病。

儘管如此，你仍然要記住，進入這些內在風息的最佳方

法，是從第四層次——念頭著手。

心中鑽石散放光芒，摧毀他人煩惱

如果你記不得這本小書所說的任何事情，至少要記得在一整天之中，去做「施與受」這個非凡的技巧。

當在上班途中，身陷車陣時，向前看在你前方車子裡的後腦勺。以慈愛之眼，注視在地下鐵內、坐在對面那個累癱的商人。以慈愛之眼，看著辦公室裡那個備感壓力的人。以慈愛之眼，看著在家中度過難受夜晚的丈夫、妻子或孩子——任何一個被你視為理所當然的人。

然後，安靜地、沈默地、不張揚地呼吸，你只要坐在那裡呼吸。輕柔地吸進空氣，帶走他們心中的煩惱，將煩惱放進你心中的鑽石，並徹底摧毀它。呼氣，並給予你認為他們想要的或需要的任何事物。休假一天？加薪？寵物？一個聊慰寂寞的朋友？耐心？健康？智慧？感覺玫瑰的馥郁香氣輕撫他們，從你心中的鑽石放射出一縷光芒，碰觸他們心中的鑽石。在下一個剎那，當交通號誌改變了，或地下鐵淨空時，你只要繼續向前。

這是真正的瑜伽，真正地播下了種子。

一天，一個僧侶停下來幫助一位患有痲瘋病的老婦人。那位老婦人化身成為空行母，帶著僧侶前往淨土。

將矛轉變成為花朵

願我常住世間，救度每個眾生，
直到天空隨著太陽和所有的星辰
一起墜落地面的那一天為止。

——達賴喇嘛常常引用的傳統西藏祈願文

在本書結束之前，你應該要知道，達賴喇嘛傳承的古代聖哲為何要做瑜伽。這些聖哲會說，我們每個人來到這世間都有個目的，在今生所做的每件事，都應該幫助我們實現這個所要達成的真正目的。

我們可以運用瑜伽來讓自己健康強壯——苗條，且迷人有魅力，這是一樁好事。感覺自己的身體走下坡或衰老，可不是件有趣的事，而希望自己處於顛峰狀態，也沒有什麼不對。然而，一旦透過瑜伽達成這所有的目標——每天做三十分鐘的瑜伽就能辦到，你將會想要繼續向前，我們本來就要追尋更多。

做「施與受」的瑜伽，改變世界的種子

想像自己能幫助其他人是一回事，當我們逐漸嫻熟「施與受」這技巧後，你就必須開始為陌生人，甚至不太喜歡的人做「施與受」，而不只是為了家人和朋友而做。這個美好的呼吸練習，肯定能清新我們的心，種下帶來健康和寧靜的種子。但在內心深處，你知道自己仍然要得更多，我們本來就要追尋更多。

將矛轉變成為花朵

我們希望「想像」能成真，希望能幫助每個人，想要真實的行

動，不只是假裝而已。但我們只有一雙手，困在一個微不足道的血肉之軀之中，是萬象世界中的一小部分。我們如何能真正地幫助每個人？因為這是我們的使命，是每個人本來要做的事情，我們感覺到它，在達成這目標之前，我們無法真正地感到滿足。

現在，你已讀到「西藏心瑜伽」如何發揮作用，你已稍做嘗試，也將能猜想到這夢想如何成真。在兩千多年前的印度，一個年輕的王子坐在樹下，正面臨一個偉大的轉變。成千上萬的邪魔衝向前，想要阻止這個轉變。他們把矛擲向王子，用箭射殺王子，然而，這些矛和箭還未觸及王子，就在半空中變成美麗的花朵，化成一陣馥郁芬芳的花雨。它們改變了。

我們也將改變。如果我們像一頭固執的騾子般，從早到晚，日復一日地持續做「施與受」的瑜伽，那麼慢慢地，新種子

達賴喇嘛

©Janice Belson

將取代舊種子。你知道這些種子如何成熟，並影響自己眼中所看見的事物——它們讓你看見上司笑容滿面地走進來，而非大吼大叫。你知道，當瑜伽使我們變得更強壯、健康時，這些種子將使你以不同的眼光來看待自己的身體。然而，我們為什麼要停在那裡？

瑜伽帶領每個人完成真正的使命

如果在這個世上，有件事是可以改變的——如果世界種子能讓痠痛背部的一個關節停止疼痛，那麼任何事都可以改變。如果你能走一步，就能走十步，只不過是多走幾步而已。在古代，瑜伽不只是設計來讓人健康強壯，使我們能活久一點；它也是設計來改變每件事物，以帶領每個人完成真正的使命。

改變將在你的眼前出現，當它來臨時，你也將知道。我們改變了五個層次，徹底地改變了自己。種子改變了我們的念頭，念頭改變了風息，風息改變了脈，而脈改變了身體。你無法以現在擁有的身體去每個世界，去擁抱每個世界中所有痛苦的人。當最後的改變來臨時，你將變成鑽石的光芒一般，然後出發去給予他們所需要的每件事物。

附錄【一】

練習瑜伽的注意事項

先做健康檢查

在展開任何瑜伽課程之前，你應先到醫師處做一次健康檢查。向醫師描述你即將從事活動的種類，尤其是當你已染上某些疾病時，更要這麼做。當然，常識是最佳的指引。

一如從事其他許多活動般，如果你緩慢而穩定地做「西藏心瑜伽」，每天持之以恆地練習，就非常有可能成功。

在每天的同一時間練習

一星期休假一天是好的，藉以慢慢品味瑜伽練習。在每個星期中，選同一天來休假，並試著在每天的同一個時間，開始瑜伽練習，你的身心將開始形成一個非常規律的節奏。

你也將注意到，身體甚至會調整排便時間，如此一來，在你開始每日的練習之前，腸子已排空了。你將發現，所有諸如此類的循環——消化、排泄，甚至經期，都變得非常規律順暢。

練習前三個小時不要進食

如果你的胃是空的，瑜伽練習將更有成效——試著至少在練習前三個小時不要進食，在結束練習後，等待三十分鐘再進食。

在練習前後不久，可以飲用果汁或水；對於有低血糖傾向的人，果汁可以預防頭暈目眩。在開始瑜伽練習之前，不宜飲用含咖啡因的咖啡或茶，因為咖啡因會影響心臟和呼吸。

持之以恆地練習

持之以恆且穩定地練習，一向是個大挑戰。如果你在一星期當中，有幾天非常努力地練習，其他時間則什麼也不做，那麼就別指望會有令人滿意的成果。最好每天持續且適度地練習。

一個持之以恆的方法是，在家中和一個朋友或家庭成員——配偶、子女或父母，一起做瑜伽。如果一星期有一或兩次的時間，你能到當地的瑜伽學校上課的話，也非常好。許多「心瑜伽」的姿勢，幾乎在美國的每一所瑜伽學校都有教授。花時間去確定瑜伽老師是合格的，然後仔細聆聽他們的教學，並立即將老師的指示融入每日的瑜伽練習之中。

每天練習三十分鐘

不要急著把瑜伽練習做完，或縮短練習的時間，每天好好地練習三十分鐘。

如果發現自己沒有時間，那麼坐下來做個清楚的決定，縮短或取消固定從事的其他活動，將這些時間挪出來做瑜伽。

選擇最適合自己的練習時間

大多數人發現，在早晨神清氣爽時，比較容易做「心瑜伽」，但每個人的生理時鐘都不相同，嘗試看看哪個時間最適合你。

一般來說，當睡眠不足時，很難去做瑜伽，不要到了晚間才開始做；最重要的是，確定獲得真正需要的睡眠量。在上班時，如果你睡眠不足，或許可以多喝幾杯咖啡「矇混」過去，但咖啡因可矇騙不了內脈。

注意保暖

做瑜伽時要保暖，做完之後也要如此。避免在冰冷的地板上做瑜伽，我們建議使用標準的、「塗有黏膠物質的」泡棉墊，上面覆蓋一張傳統的棉墊──這樣比較保暖，也比較乾淨，並可以避免塑膠直接接觸皮膚。

穿著棉製衣服

同樣地，做瑜伽練習時，最好穿著百分之百或大部分由棉或羊毛等天然纖維製成的衣服。衣服不應太緊，否則當彎曲或轉身時，衣服會束縛身體。衣服也不應太鬆，否則彎下腰時，它會遮住你的臉或妨礙呼吸，移動時也會絆住你。

不要勉強做伸展動作

不要勉強做伸展的動作，或為了好看而使姿勢走樣。將身體調整到正確的姿勢，並保持它，然後盡可能舒適地伸展身體。當伸展時，尋找伸展的肌肉穩定而溫和的張力，並靜靜地維持在那個狀態之中。

平靜而穩定地呼氣

要有耐心，肢體運動必須經過日積月累的練習，才會有些許的進步。在內心保有「施與受」的念頭，以及沉穩的呼吸——尤其是平靜而穩定地呼氣，是更加重要的事。如果發現自己在喘氣，或感到焦慮不安，或有些呼吸困難，那麼稍微放鬆姿勢，直到呼吸順暢，感覺平靜為止。

出現疼痛，請教瑜伽老師

在頭幾個星期，做完瑜伽之後會感覺痠痛，預期會有這種結果，且甘之如飴，這表示老朽的脈正在開啟。如果身體有某些部位出現疼痛，立即停止瑜伽，並請教合格的瑜伽教師。身體出現疼痛幾乎都是因某些部分做得不正確，而這問題在幾分鐘之內就能解決。

別讓練習成為例行公事

最重要的是，享受你的瑜伽練習，別讓瑜伽練習成為例行公事。如果覺得它逐漸變成例行公事，那麼就必須趕緊做「施與受」，尤其是在白天時，以你的呼吸默默地幫助他人。

別和其他人比較長短

在做瑜伽時，如同芭蕾舞者般優雅而高貴地移動身體。在頭幾個星期，你會感到笨手笨腳，但在此之後，你下半輩子都會為了自己從瑜伽練習中獲得美好的精力而感到慶幸。無須擔心其他人對你的新計畫會有什麼看法，他們可能會取笑你，但當目睹「心瑜伽」在你身上所發揮的功效後，他們自己也會開始做「心瑜伽」了。

別犯下拿自己和其他人一較長短的錯誤，要按照自己的步調，持續且穩定地練習，每個身體都不同，有一些身

體需要時間去「接受」瑜伽。有許多的瑜伽學生起步得晚，且做起來笨手笨腳，但他們有耐心，並持之以恆地練習，後來都有所成就；而那些天生就對瑜伽得心應手的學生，後來卻不了了之。學習「西藏心瑜伽」也沒有年齡的限制，不論你有多年邁或多年輕，都可以且應該開始做「西藏心瑜伽」。

尋找瑜伽老師

許多嘗試「心瑜伽」的人，開始獲得極佳的成果，並想要知道自己是否能更加深入。本書介紹的三十分鐘瑜伽練習，是所有瑜伽練習的精髓。在你一生當中的每一天，你都能從中發現更深刻的事物。

這個瑜伽傳統，確實有許多更深入的層次。每個層次都依照各人的特殊需求和能力量身訂作。有個活生生的人，來帶領你從頭到尾、仔仔細細地做一次「心瑜伽」，查看你的進展，並建議事半功倍的方法，也是非常重要的。許多有用的細節，只能透過西藏大師所謂的 shel-shey ——口耳相傳的方式來傳遞，而非透過枯燥乏味的書本來傳達。

認識你，並將這個傳統傳遞給你，是我們的榮幸。而之後你也能盡一份心力，把它傳遞給其他人。

西藏心瑜伽

附錄【二】

我們想要感謝達賴喇嘛尊者住於世間,作為我們追隨的典範。

我們想要感謝多年來,孜孜不倦地引導我們的所有西藏喇嘛。在他們之中,我們首先要感謝肯仁波切格西洛桑達欽;他是 MSTC 西藏佛學中心(MSTC Tibetan Buddhist centers)的創辦人,以及西藏色拉寺梅分院的前任住持。肯仁波切格西洛桑達欽慷慨地投入無數的時間,將這些傳統傳遞給世界各地的西藏人和西方人士。

西藏色拉寺梅分院的格西洛桑達多(Geshe Lobsang Thardo)和格西圖登仁千授予我們無數的課程。格西聽列鐸甲(Geshe Trinley Topgye)——局美西藏密續大學(Gyumey Tibetan Tantric College)的前任住持、西藏色拉寺梅分院的老師,悉心地教導我們許多科目。許多其他來自西藏色拉寺梅分院的上師也助益良多。

FPMT 西藏佛學中心全球網(FPMT global network of Tibetan Buddhist centers)的主持人喇嘛梭巴仁波切,一直是我們所有人的終身啟蒙老師,並協助我們將「西藏心瑜伽」這個智慧帶到整個世界。

我們深深感激現代瑜伽傳統的許多大師,而這些瑜伽傳統都起源自古代印度。 Jivamukti 瑜伽的創始人大衛・萊夫(David Life)和莎朗・嘉儂(Sharon Gannon)這兩位瑜伽大師,傾注了他們的智慧,以及每個面向的瑜伽

技巧。

同樣來自 Jivamukti 瑜伽傳統的璐絲・羅爾夫人（Lady Ruth Lauer），用全心奉獻和熱愛他人的精神，教導我們瑜伽。

我們也由衷感謝以下這些傑出優秀的老師：艾揚格(Iyengar)瑜伽的嘉卡洛琳・克莉絲蒂（Carolyn Christie）以及八支瑜伽(Ashtanga)的皮拉・塞特彌爾（Pilar Settlemeir）、麗莎・史克姆（Lisa Scrempp）和大衛・史文森（David Swenson）。這些西方的瑜伽大師都真實地延續了他們印度老師的功業——包括史瓦彌・希瓦南達大師（Shri Swami Sivananda）、帕塔西・喬伊斯大師（Shri K. Pattabhi Jois）、艾揚格大師（Shri B.K.S. Iyengar）——我們也向他們致上無盡的感謝。

過去這些年來，如果沒有山繆・阿金斯教授（Professor Samuel D. Atkins）慷慨地授予我們許多梵文課程，那麼本書將無法完成。山繆・阿金斯教授是普林斯頓大學古典文學系榮譽退職的系主任。

約翰・布拉迪（John Brady）是「亞洲經典輸入計畫」的主任，為本書提供許多寶貴的資料；而這些資料常常是透過「亞洲經典輸入計畫」南亞營運中心（South Asian Operations）格西阿旺・黎朵（Geshe Ngawang Rigdol）不屈不撓的努力所蒐集來的。其他相當罕見的

瑜伽手稿，則是「亞洲經典輸入計畫」在俄羅斯的研究小組多年努力的成果，尤其是阿旺·堪增（Ngawang Kheatsun）、蔣帕·南多（Jampa Namdol）。

許多年來，在俄羅斯科學院聖彼得堡分院的東方圖書館任職的雷夫·塞拉夫摩維奇·沙維斯基教授（Professor Lev Serafimovich Savitsky）和夫拉迪彌爾·烏斯潘斯基博士（Dr. Vladimir Uspensky），也無私地協助指導這個研究小組。

幾位精通現代生理學和運動理論的專家，也協助我們釐清，在西藏傳統裡面肉體和內在身體之間的關連。這些專家包括普林斯頓大學舞蹈系的系主任澤瓦·可漢教授（Professor Ze'eva Cohen）；亞利桑納大學舞蹈系的蘿拉·唐納利（Laura Donnelly）；以及巴朗慶芭蕾法丁曼學派（Dingman school）的艾莉森·可漢（Allison Cohen）。

要將所有曾幫助我們把「心瑜伽」出版成冊的人在此一一列舉出來，是不可能的；我們再一次地感謝你們，包括翠珊瑪（trisangma）為拍攝瑜伽練習的照片所做的如此精采的示範；安柏·摩爾（Amber Moore）處理插畫；安琪拉·布列克利（Angela Bleackley）、布萊恩·皮爾森（Brian Pearson）和珍妮·湯瑪斯（Jenny Thomas）校稿；大衛·費雪曼（David Fishman）、馬修·葛森

（Matthew Gerson）和蜜拉・香尼（Mira Shani）測試瑜伽姿勢；安德莉亞・雷門（Andrea Lemon）和泰德・雷門（Ted Lemon）的運籌支援：珍妮絲・艾倫（Janice Allen）和吉姆・戴維森（Jim Davidson）提供的美味餐點，以及莉姬（Ziggy）的擁抱和出外跑腿。

最後——但肯定不是最少的，我們要感謝雙日（Doubleday）出版社的編輯崔斯・墨菲（Trace Murphy）先生的遠見，對保存和記錄這些傳統的信念，以及要求我們精益求精的不懈堅持。

134

西藏心瑜伽

附錄【三】

關 於 作 者

鑽石山（Diamond Mountain）的教師群分別來自美國、愛爾蘭、加拿大和澳洲，他們長時間跟隨偉大的上師，學習西藏和印度的古老智慧傳統。麥可・羅區格西（Geshe Michael Roach）創作了這本書，並完成古代經典重要部分的翻譯，在本書中，這些經典用來作為參考資料。本書的手稿經由鑽石山工作小組完成編輯，並準備付梓。列在本書中的所有鑽石山教師，都有資格舉辦研討會，並談論本書所描述的方法。

麥可・羅區格西是首位在傳統西藏寺院完成二十年課程，獲得「格西」（佛學博士）頭銜的美國人。他是「亞洲經典輸入計畫」（Asian Classics Input Project）的創始人；「亞洲經典輸入計畫」或許是全世界最大的古代亞洲手稿的資料庫。他也是數本暢銷國際、東方心靈類書籍的作者。他是梵文和藏文的翻譯家，最近在美國亞利桑那州完成三年的深度閉關禪修。

金柏莉・安德森—凡荷夫（Kimberley Anderson-Veenhof）是一位國際商務顧問和私人教練。她經常旅行，並依據「證悟商業機構」（Enlightened Business Institute）的原則舉行訓練研討會。她長期學習瑜伽，並教授正統舞蹈（Authentic Dance）。

吉絲莉・安瑟林（Giselle Ansselin）是澳洲「金剛能斷佛學中心」（Diamond Cutter Buddhist Center）的創辦人

之一，也是「亞洲經典輸入計畫」系列課程中，備受學生愛戴的老師。她是位社會工作者，並在「整體健康」（holistic health）這個領域從事自然療法。

梅西蒂・巴蕾達（Mercedes Bahleda）畢業於紐約大學實驗劇場系，是職業舞者、演員和歌者，她行遍歐洲和美國。她曾深度閉關禪修，學習瑜伽六年。

約翰・布拉迪（John Brady）是「亞洲經典輸入計畫」的主任；「亞洲經典輸入計畫」是一項保存瀕臨絕跡的西藏宗教文獻的國際計畫。他也是紐約「亞洲經典輸入計畫」的資深教師，並曾在紐約的「莉莉安佛南公司」（Lillian Vernon Company）擔任業務主任。

黛博拉・拜伊（Deborah Bye）是一位來自澳洲墨爾本的出庭律師。在她二十多歲前往印度旅行時，發現西藏佛教。她的背景包括哈達瑜伽（hatha yoga）、觀禪（vipassana meditation）、喀什米爾濕婆教與佛教經典。她是一項計畫的協調人：在美國的監獄教授佛教哲學、禪修和瑜伽。

南西・卡靈（Nancy Carin）是三個孩子的母親，也是「紐約商務拓展中心」（Business Outreach Center of New York）的創辦人。她長年教授太極，也是曼哈頓「亞洲經典輸入計畫」受學生喜愛的老師。

詹姆斯・康納（James Connor）是一位從心靈的角度經營企業和人生的總裁。他完全以佛教因果業報和利他的原則來經營公司。他是紐約市「加斯陶禪修閉關中心」（Godstow Meditation Retreat Center）的主任，也是該中心活躍的老師，他也是「佩特和平機構」（Pate Institute for Peace）的主任。

伊恩・戴維斯（Ian Davies）是澳洲「金剛能斷佛學中心」的創辦人之一。他在該中心教授「亞洲經典輸入計畫」的課程，並長期從事指壓療法和瑜伽。

安東尼・狄格（Anthony Deague）畢業於澳洲墨爾本大學，並任職於一家大規模的房地產有限公司。他曾在「亞洲經典輸入計畫」就讀，並在澳洲師承許多西藏上師。目前，在墨爾本的一個西藏佛學中心規劃學習課程。他曾是職業運動員，現在為運動俱樂部和學生團體開授瑜伽課程。

蓋兒・達區（Gail Deutsch）在鑽石山負責協調公開傳法開示的事宜。她二十多歲時，在印度發現西藏佛教，之後旅行至西藏。她曾親炙許多重要的西藏喇嘛，包括喇嘛梭巴仁波切（Lama Zopa Rinpoche），並曾經協助成立許多佛法中心。

麥可・歐雷利・鄧恩（Michael O'Reilly Dunn）是資訊科技專家，目前在「Riskforce」擔任資深經理和主任；該

公司以愛爾蘭和美國為基地。他擁有紐約視覺藝術學院（School of Visual Arts）的資訊科技學位，以及紐約大學提許藝術學院（Tisch School of the Arts）的學位。他是西藏佛教和八支瑜伽的學生。

艾利斯塔・赫姆斯（Alistair Holmes）出生於英國；在澳洲的昆士蘭大學取得政治哲學的學士學位，之後任職於法律界。他是一家大規模的私人投資公司的主任，曾在鑽石山和西藏色拉寺梅分院學習。

康秋・基蓉法師（Venerable Konchok Kyizom）是一位西藏佛教傳統的尼師。她在出生地加拿大是位成功的執業心理醫師，也教授芭蕾舞和瑜伽。她也在「亞洲經典輸入計畫」教授系列課程，並曾在西藏色拉寺梅分院就讀。

沙林・李（Salim Lee）是一位老師，曾在澳洲、亞洲、歐洲和美國傳授知識。他是建築師、營造商和房地產業者，專精老年照護，同時也是大學教授，以及三個孩子的父親。

安・林德賽（Anne Lindsey，洛桑秋基法師 Venerable Lobsang Chukyi）是一位受了出家戒的比丘尼和老師，曾在一所重要的西藏寺院就讀，並在紐約市立大學完成臨床心理學的博士教育。她曾在紐約市的校園諮商課程中擔任指導心理醫師。

安德莉亞‧麥克羅（Andrea McCullough）是一位宗教舞蹈的專家，並在美國和歐洲演出。她將所學、瑜伽練習和養育幼兒融合在一起，教導幼兒一條心靈的道路。

溫斯頓‧麥克羅（Winston McCullough）曾在一所重要的西藏佛教寺院就讀，且是鑽石山的主任，鑽石山是一個位於亞利桑那州的研習暨禪修中心。他曾擔任商務顧問十八年，並曾是哥倫比亞大學企管系的教授。在美國、亞洲和歐洲，他是一位受歡迎的老師。

克莉絲蒂‧麥納利（Christie McNally）曾跟隨一些世界最知名的大師學習瑜伽，並在數個重要的西藏寺院接受訓練。她是藏文和梵文的翻譯家，也是「亞洲經典輸入計畫」的原文專家。她最近在亞利桑那州完成三年的深度閉關禪修。

阿尼貝瑪（Ani Pelma，黛柏拉‧巴利爾法師 Venerable Debra Ballier）是知名的曼哈頓書店和拓展中心「三寶」（Three Jewels）的創辦人。她翻譯藏文經典，曾在色拉寺梅分院研習，也是位得獎的詩人。她完成三年的深度閉關禪修，目前在鑽石山擔任閉關上師。

伊莉莎白‧普拉塞（Elizabeth Prather）是一位卓越有成的瑜伽旅遊公司的創辦人。在此之前，她在數個健康機構負責管理的工作。她長期研習西藏佛教，曾在印度和尼泊爾的西藏寺院學習。

布萊恩‧史密斯（Brian Smith）是加州大學河畔分校的教授。他專攻宗教研究和梵文，曾出版許多書籍，並為牛津大學出版社（Oxford University Press）和企鵝出版社（Penguin Books）翻譯重要的梵文書籍。他曾長期在印度和西藏色拉寺梅分院研習，也是洛杉磯地區「亞洲經典輸入計畫」課程受歡迎的老師。

約翰‧史提維爾（John Stilwell）是紐約「亞洲經典輸入計畫」的主任，也是「加斯陶禪修閉關中心」的創始主任。紐約的「亞洲經典輸入計畫」已訓練了數千人。他曾是一個法人組織的高階主管，並在華爾街任職十九年，曾在美國和歐洲授課將近二十年。

大衛‧史堂普（David K. Stumpf）擁有植物生化學博士學位，也是軍事歷史學家。他完成「亞洲經典輸入計畫」的十八個課程，目前在美國和南非教導自己的學生。他是「鑽石山信託理事會」（Board of Trustees of Diamond Mountain）的一員。

蘇珊‧史堂普（Susan Stumpf）是大衛的妻子，也是一位受過訓練的醫師助理，專精針灸和能量／心靈治療，曾在香港學習。她完成「亞洲經典輸入計畫」的系列課程，目前在美國教授「亞洲經典輸入計畫」的課程。

凱文‧梭頓（Kevin Thornton）是四個孩子的父親，曾在出生地愛爾蘭長期從事中等學校的教育工作。他長期研

習靈學,並是蓋威鑽石灣佛學團體(Diamond Bay Buddhist Group of Galway)的創辦人之一,他目前在該機構教授「亞洲經典輸入計畫」的課程。

米莉安‧梭頓(Miriam Thornton)是凱文的妻子,終身追隨心靈的道路。她是一位物理治療師,練習瑜伽多年,目前在「蓋威鑽石灣佛學團體」授課,她也是該團體的創辦人之一。

艾莉‧凡‧德‧帕斯法師(Venerable Elly van der Pas)是一位受了出家戒的比丘尼和老師,擁有東西方研究的碩士學位,並在亞洲的寺院和印度教的聚會所學習、修行多年。她曾是《曼達拉》(Mandala)雜誌的編輯,以及達賴喇嘛尊者在紐約的西藏基金會(Tibet Fund)的發展專家。

道格拉斯‧凡荷夫(Douglas Veenhof)是一位榮獲獎項的新聞記者和登山嚮導,足跡遍及亞洲。他長期學習西藏佛教,並曾擔任北瀑布(North Cascades)地區一個佛法中心的主任。

蕾貝卡‧維那庫(Rebecca Vinacour)畢業於紐約大學提許藝術學院。她曾長期在紐約的「亞洲經典輸入計畫」和西藏色拉寺梅分院研習,參與鑽石山的藏文課程,並學習功夫。

拉妮‧謝拉‧鄧恩（Rani Sheilagh Dunn）是愛爾蘭都柏林「普拉納瑜伽中心」（Prana Yoga Centre）的創辦人之一。她長期接受 Jivamukti、Devereux 等瑜伽方法的訓練，並師承艾揚格大師（Shri B.K.S. Iyengar）、帕塔西‧喬伊斯大師（Shri K. Pattabhi Jois）和大衛‧史文森（David Swenson）等瑜伽大師。

眾生系列　JP0018Y

西藏心瑜伽

作　　　者／麥可‧羅區格西（Geshe Michael Roach）
譯　　　者／項慧齡
責 任 編 輯／劉昱伶
封 面 設 計／唐亞陽工作室
內　　　文／唐亞陽工作室
業　　　務／顏宏紋
印　　　刷／中原造像股份有限公司

發 　行 　人／何飛鵬
事業群總經理／謝至平
總 　編 　輯／張嘉芳
出　　　版／橡樹林文化
　　　　　　城邦文化事業股份有限公司
　　　　　　115台北市南港區昆陽街16號4樓
　　　　　　電話：(02)25000888　傳真：(02)25001951
發　　　行／英屬蓋曼群島家庭傳媒股份有限公司城邦分公司
　　　　　　115台北市南港區昆陽街16號8樓
　　　　　　客服服務專線：(02)25007718；(02)25001991
　　　　　　24小時傳真專線：(02)25001990；(02)25001991
　　　　　　服務時間：週一至週五上午09:30～12:00；下午1:30～17:00
　　　　　　劃撥帳號：19863813；戶名：書虫股份有限公司
　　　　　　讀者服務信箱：service@readingclub.com.tw
　　　　　　城邦讀書花園網址：www.cite.com.tw
香港發行所／城邦（香港）出版集團有限公司
　　　　　　香港九龍土瓜灣土瓜灣道86號順聯工業大廈6樓A室
　　　　　　電話：(852)25086231　傳真：(852)25789337
　　　　　　E-mail：hkcite@biznetvigator.com
馬新發行所／城邦（馬新）出版集團
　　　　　　Cite (M) Sdn Bhd
　　　　　　41, Jalan Radin Anum, Bandar Baru Seri Petaling,
　　　　　　57000 Kuala Lumpur, Malaysia.
　　　　　　Tel: (603) 90563833　Fax:(603) 90576622
　　　　　　email:services@cite.my

初版一刷／2004年12月
二版三刷／2024年 9 月
ISBN／978-986-06555-8-2
定價／300元

城邦讀書花園
www.cite.com.tw

版權所有‧翻印必究（Printed in Taiwan）
缺頁或破損請寄回更換

國家圖書館出版品預行編目（CIP）資料

西藏心瑜伽／麥可.羅區格西（Geshe Michael Roach）
著；項慧齡譯. -- 二版. -- 臺北市：橡樹林文化，城邦文化
出版：英屬蓋曼群島商家庭傳媒股份有限公司城邦分公司
發行，2021.12
　　面；　公分. --（眾生系列；JP0018Y）
　　譯自：The Tibetan book of yoga : ancient Buddhist
　　teachings on the philosophy and practice of
　　yoga
　　ISBN 978-986-06555-8-2（精裝）

　　1.藏傳佛教　2.佛教修持　3.瑜伽

226.966　　　　　　　　　　　　　　110011643